Lang

Sag's auf Deutsch

Die 1.000 Wörter, die man wirklich braucht

Langenscheidt

München · Wien

Herausgegeben von der Langenscheidt-Redaktion

Bearbeitet von Dr. Lutz Walther, Isabel Meraner und
Dr. Helen Galloway

www.langenscheidt.de

© 2015 Langenscheidt GmbH & Co.KG, München
Druck und Bindung: C. H. Beck, Nördlingen

ISBN 978-3-468-38545-2

15011

Topics

Foreword

Did you know that once you've learned the 1000 commonest words in a language, you can understand 80% of any text on a general subject?

*   This book will provide you with the vocabulary you need to really communicate in a foreign language in the most important everyday situations.

*   The selection includes the **1000 most common basic words** and is based on **Level A1 of the Common European Framework of Reference for Languages**.

*   Each word is accompanied by **a phonetic transcription, an example of usage and an English translation**. Listed words have been **grouped into subjects** in order to help you find your feet in the new language more quickly. We have also provided an **index** on page 151 to make finding words quick and easy.

*   The example sentences have been taken from everyday situations, making it easier for you to learn to communicate.

*   You will also find a guide to pronunciation and phonetics on pages 8–10.

In this way, *Sag's auf Deutsch* provides a solid basis for learning a language. It is ideal for beginners learning basic vocabulary for the first time, as well as for revision purposes.

Phonetics and Pronunciation

Vowels

[a]	gefallen	similar to **a** in British English c**a**t
[ɑː]	B**a**hn, ein p**aa**r	like **a** in f**a**ther
[ɛ]	am b**e**sten, **e**ssen	like **e** in b**e**d
[eː]	l**e**sen, s**e**hr, T**ee**	formed similarly to a long [iː] but with the mouth a bit more open
[ə]	bitt**e**, dank**e**	non-stressed **-e** endings, like **a** in **a**bout
[ɪ]	du b**i**st, r**i**chtig	i like **i** in l**i**st
[iː]	Kant**i**ne, L**ie**be	like **ee** in s**ee**
[ɔ]	**o**ffen, P**o**st	similar to **o** in n**o**t
[oː]	**O**bst, w**o**hnen	formed similarly to [ɔ] but with the lips more rounded and closed
[ʊ]	**u**m, L**u**st	like **u** in p**u**t
[uː]	**U**hr, Radt**ou**r, J**u**ni	like **ou** in y**ou**

Diphthongs and umlauts

[aɪ]	M**ai**, h**ei**ßen (B**ay**er, M**ey**er)	like **y** in m**y**
[aʊ]	**Au**to, eink**au**fen	like **ou** in m**ou**th

[ɔy]	Räume, neu, teuer	like oy in boy
[ɛ]	Erkältung, Hände	like e in bed
[ɛː]	erzählen, Gespräch	like ai in fair
[œ]	plötzlich, öffnen	somewhere between [ɔ] and [ɛ]
[ø]	nervös, Söhne	somewhere between [oː] and [eː]
[ʏ]	Mütter, müssen	similar to [yː] but shorter and with the mouth a bit more open
[yː]	Gemüse, früher	formed like [iː] but with the lips shaped as for [uː]

Consonants

[ç]	ich, welche	no English equivalent, can occur as an allophone of [h] in front of vowels (like huge or hue)
[ɪç]	wenig	only as a word ending
[x]	Nacht, auch	after German a, o, u, au – no English equivalent, like the Scottish ch in loch
[f]	fünf, Vater	like the English f
[j]	ja, Jacke	like y in New York
[k]	Jacke, weg	like ck in jacket
[ŋ]	länger	like ng in wrong
[p]	Pause, gib	like the English p
[r]	rot	no English equivalent, like the Scottish r in curd

[ə]	Lehr**er**	similar to the English **u** in b**u**t
[z]	**l**esen	like **z** in **z**ero
[s]	Wa**ss**er, Stra**ß**e	like **s** in **s**ay
[ʃ]	**sch**warz	like **sh** in **sh**ow
[ʃp], [ʃt]	**Sp**ort, **st**udieren	combination of [ʃ] and [p] or [t] when **sp** and **st** are combined at the beginning of a word
[t]	gu**t**, Stad**t**, wir**d**	like the English **t**
[tʃ]	deu**tsch**	like **ch** in **ch**at
[v]	**w**irklich	like **v** in **v**oice
[ts]	**Z**immer, pu**tz**en	like **ts** in let'**s**

Some pronunciation rules

[:] means that the previous vowel is a long vowel.

A lot of consonants (b, d, g, h, k, l, m, n, p, t) are generally pronounced the same (or almost the same) as their English counterparts.

Vowels in front of double consonants are always short: Tr**e**ppe, p**a**ssieren.

Double vowels, ie and vowels + h are always long: T**ee**, pass**ie**ren, s**eh**r.

b, d, g at the end of a word are pronounced like p, t, k: we**g**, gi**b**, wir**d**.

h after a vowel is not pronounced. It just prolongs the vowel: Ba**h**n, se**h**r, wo**h**nen, U**h**r.

The German [r] is formed in the throat and pronounced as if you are clearing your throat or gurgling.

Stress

Usually the first syllable in a word is stressed. However, the stress in German is relatively free and similar looking words can be stressed differently. The primary stress is signalled with ['] the secondary with [ˌ].

Spelling

In German the beginning of a sentence and all nouns are written with a capital letter. Additionally all pronouns for formal address (Sie, Ihr) are written with a capital letter.

Abbreviations

m	masculine	adj	adjective
f	feminine	adv	adverb
m/f	masculine and feminine	art	article
		conj	conjunction
ne	neuter	interj	interjection
sg	singular	part	particle
pl	plural	prep	preposition
ugs	informal	pron	pronoun
comp	comparative	nom	nominative
superlat	superlative	gen	genitive
phrase	phrase	dat	dative
n	noun	acc	accusative
v	verb	inf	infinitive
v/ref	reflexive verb	ref	reflexive
v/aux	auxiliary verb		

Personal information

die Adresse [a'drɛsə] *n*
> Ich kann Ihnen meine **Adresse** geben.

address
> I can give you my **address**.

ändern ['ɛndərn] *v*
> Ich mag meinen Namen nicht. Ich würde ihn gern **ändern**.

to change
> I don't like my name. I'd like to **change** it.

die Dame ['da:mə] *n f*
> Eine nette junge **Dame** öffnete die Tür.

lady
> A nice young **lady** opened the door.

die Frau [frau] *n f*
> Das ist das Büro von **Frau** Müller.
> Eva ist eine **Frau**, Adam ist ein Mann.

Mrs, Ms, woman
> This is **Mrs** Müller's office.
> Eva is a **woman**, Adam is a man.

der Herr [hɛr] *n m*
> Könnte ich bitte mit **Herrn** Schneider sprechen?

Mr
> Could I speak to **Mr** Schneider, please?

der Junge ['jʊŋə] *n m*
> Ich habe einige **Jungen** Fußball spielen sehen.

boy
> I saw some **boys** playing football.

leben ['le:bən] *v*
> Der Bruder meines Vaters **lebt** in Österreich.

to live
> My father's brother **lives** in Austria.

das Mädchen ['mɛːtçən] *n f*
> Es gibt viele **Mädchen** in der Klasse.

girl
> There are a lot of **girls** in the class.

> **TIPP** Mädchen is used in German with the neuter article **das**, even though the real gender of a girl is feminine. So in German you say: **Ich sehe *ein Mädchen, das* sich gerade die Haare kämmt.** I can see *a girl who* is combing her hair. *Es* **hat sehr schöne und lange Haare.** *She* has very long and beautiful hair.

der Mann [man] *n m*
> Ein junger **Mann** saß im Auto.

man
> There was a young **man** sitting in the car.

der Mensch [mɛnʃ] *n*
> Ich mag ihn als **Mensch**, aber nicht als Lehrer.

person
> I like him as a **person**, but not as a teacher.

die Muttersprache ['mʊtɛʃpraːxə] *n*
> Deutsch ist meine **Muttersprache**.

first language
> German is my **first language**.

der Nachname ['naːxnaːmə] *n*
> Kennst du ihren **Nachnamen**?

last name
> Do you know her **last name**?

der Name ['naːmə] *n*
> Da steht mein **Name** auf dem Brief.

name
> There's my **name** on the letter.

die Person [pɛr'zoːn] *n*
> Johanna ist eine sehr nette **Person**.

person
> Johanna is a very nice **person**.

der Personalausweis [pɛrzoːˈnaːlaʊsvaɪs] *n*
> Die Polizei wollte von jedem den **Personalausweis** sehen.

identity card
> The police wanted to see everybody's **identity cards**.

die Sprache [ˈʃpraːxə] *n*
> Wie viele **Sprachen** sprechen Sie?

language
> How many **languages** do you speak?

der Vorname [ˈfoːɐnaːmə] *n*
> Mein **Vorname** lautet Sarah.

first name
> My **first name** is Sarah.

wohnen [ˈvoːnən] *v*
> Wir **wohnen** in einer kleinen Wohnung im fünften Stock.

to live
> We **live** in a small flat on the fifth floor.

Appearance

alt [alt] *adj*
> Es gab dort ganz verschiedene **alte** Gebäude.

old
> There were all kinds of **old** buildings there.

aussehen [ˈaʊszeːən] *v*
> Das **sieht** sehr schön **aus**.

to look
> That **looks** very nice.

blond [blɔnt] *adj*
> Sie hat **blondes** Haar.

fair
> She's got **fair** hair.

cool [kuːl] *adj ugs*
> Wow, deine Zeichnung sieht ja echt **cool** aus!

cool
> Wow, your drawing is totally **cool**!

dunkel [ˈdʊŋkəl] *adj*
> Sie hat **dunkle** Haare und blaue Augen.

dark
> She's got **dark** hair and blue eyes.

groß [groːs] *adj*
> Freiburg ist keine sehr **große** Stadt.

big
> Freiburg is not a very **big** town.

gut zusammenpassen [guːtˈtsuˈzamənˈpasən] *phrase*
> Ja, das Hemd **passt gut** zu der Hose.

to go well
> Yeah, that shirt **goes well** with those trousers.

hell [hɛl] *adj*
> Sie hat einen sehr **hellen** Teint.

fair
> She has a very **fair** complexion.

TIPP A colour can be described more precisely by adding the prefixes **hell** or **dunkel** to it: **Das Auto ist *hellblau*. The car is *light blue*. Das Heft ist *dunkelgelb*. The book is *dark yellow*.**

---

jung [jʊŋ] *adj*
> Sie ist zu **jung**, um Auto zu fahren.

young
> She's too **young** to drive a car.

klasse [ˈklasə] *adj ugs*
> Mit ihrer neuen Brille sieht sie **klasse** aus.

awesome
> She looks **awesome** in her new glasses.

TIPP If **Klasse** is written with a capital k it means **class**. But when it's used as an adjective, it can't be declined and means **awesome**: **Das ist *klasse*! That's *awesome*!**

klein [klain] *adj*
> Sie ist **klein** und hat braune
Haare.

small
> She's **small** and has brown
hair.

nett [nɛt] *adj*
> Juliane ist sehr **nett**, oder?

nice
> Juliane is very **nice**, isn't
she?

schlank [ʃlaŋk] *adj*
> Du siehst so **schlank** aus!

slim
> You look so **slim**!

schmutzig ['ʃmʊtsɪç] *adj*
> Zieh deine **schmutzigen**
Schuhe aus!

dirty
> Take your **dirty** shoes off!

schön [ʃøːn] *adj*
> Was für eine **schöne** Frau!
> Es war **schön**, mit dir
auszugehen.

beautiful, nice
> What a **beautiful** woman!
> It was **nice** going out with
you.

Clothes and accessories

anprobieren ['anprobiːrən] *v*
> Kann ich diesen Mantel
anprobieren?

to try on
> Can I **try** this coat **on**?

anziehen ['antsiːən] *v*
> Das sieht sehr schön aus.
Zieh es **an** und lass dich mal
anschauen.

to put ... on
> That looks very nice. **Put**
it **on** and let's have a look
at you.

der Anzug ['antsuːk] *n*
> Das ist ein schöner **Anzug**,
den du gestern gekauft hast.

suit
> That's a nice **suit** you
bought yesterday.

TIPP In German a smart suit for a woman is called a
Hosenanzug.

die Bluse ['bluːzə] *n*
> Das ist eine schöne **Bluse**, die du gekauft hast.

blouse
> That's a nice **blouse** you bought!

die Brille ['brɪlə] *n*
> Sie hat eine schöne **Brille**.

glasses
> She's got nice **glasses**.

TIPP Glasses are called **Brille** or **Sehbrille** in German. **Sunglasses** are known as **Sonnenbrille**.

---

die Handtasche ['hanttaʃə] *n*
> Die **Handtasche** von Frau Jansen ist sehr schick.

handbag
> Mrs Jansen's **handbag** is really stylish.

das Hemd [hɛmt] *n*
> Ich brauche ein sauberes **Hemd**.

shirt
> I need a clean **shirt**.

die Hose ['hoːzə] *n*
> Ich brauche eine neue **Hose**.

trousers
> I need a new pair of **trousers**.

das Kleid [klait] *n*
> Sie wählte ein rotes **Kleid** für die Party.

dress
> She chose a red **dress** for the party.

die Kleidung ['klaidʊŋ] *n*
> In diesem Geschäft gibt es sehr trendige **Kleidung**.

clothes
> This shop sells very trendy **clothes**.

TIPP Kleidung is only used very rarely in the plural.

---

das Leder ['leːdər] *n*
> Ich habe mir neue Schuhe aus **Leder** gekauft.

leather
> I bought myself some new **leather** shoes.

der Mantel ['mantəl] *n*
> Ich möchte einen **Mantel** kaufen.

coat
> I want to buy a **coat**.

das Portemonnaie [pɔrtmɔ'neː] *n*
> Ich habe die Fahrkarten in mein **Portemonnaie** getan.

purse
> I put the tickets in my **purse**.

TIPP Other common words for **purse** include **der Geldbeutel**, **die Geldbörse** and **die Brieftasche**.

der Pullover [pu'loːvər] *n*
> Was für ein schöner **Pullover**!

pullover
> What a nice **pullover**!

der Regenschirm ['reːgənʃirm] *n*
> Nimm einen **Regenschirm** mit!

umbrella
> Take an **umbrella** with you!

der Rock [rɔk] *n*
> Sie hat alle ihre **Röcke** ihrer Schwester geschenkt.

skirt
> She gave all her **skirts** to her sister.

der Schuh [ʃuː] *n*
> Letzte Woche habe ich mir ein neues Paar **Schuhe** gekauft.

shoe
> I bought a new pair of **shoes** last week.

die Strumpfhose ['ʃrʊmpfhoːzə] *n*
> Wo hast du deine neue **Strumpfhose** gekauft?

tights
> Where did you buy your new **tights**?

die Wolle ['vɔlə] *n*
> Ist das reine **Wolle**?

wool
> Is this pure **wool**?

Social relationships

der Besuch [bə'zu:x] *n*
> Ich möchte meiner Tante gerne einen kurzen **Besuch** abstatten.

visit
> I'd like to pay a short **visit** to my aunt.

---

der Bruder ['bru:dər] *n m*
> Ich benutze häufig das Auto meines **Bruders**.

brother
> I often use my **brother's** car.

---

die Eltern ['ɛltərn] *n pl*
> Man kann sich seine **Eltern** nicht aussuchen.

parents
> You can't choose your **parents**.

---

die Familie [fa'mi:liə] *n*
> Er hat Fotos von seiner **Familie** mitgebracht.

family
> He brought photographs of his **family** with him.

---

die Frau [frau] *n f*
> Haben Sie schon meine **Frau** kennengelernt?

wife
> Have you met my **wife**?

---

der Freund [frɔynt] *n m*
> Sie hat einen neuen **Freund**.

boyfriend, friend
> She has got a new **boyfriend**.

---

die Freundin ['frɔyndɪn] *n f*
> Deine **Freundin** sieht dir irgendwie ähnlich.

girlfriend, friend
> Your **friend** kind of looks like you.

---

die Großeltern ['gro:s|ɛltərn] *n pl*
> Johannes wohnt bei seinen **Großeltern**.

grandparents
> Johannes lives with his **grandparents**.

TIPP In everyday language, Germans call their grandfathers **Opa** and their grandmothers **Oma**.

sich kennenlernen
[zɪç'kɛnənlɛrnən] *v/ref*
› Ich habe ihn am Gymnasium
  kennengelernt.

to meet

› I **met** him at high school.

das Kind [kɪnt] *n*
› Dieses **Kind** ist sehr
  intelligent.

child

› This **child** is very intelligent.

TIPP Das Kind has a neuter gender in German, even though it may refer to either a boy or a girl. The term is used to emphasize that the person in question is not an adult or a teenager, but a child of 12 or under. Another phrase you may hear is **ein Kind erwarten to be expecting a baby** which is used to refer to an unborn child.

---

die Kinder ['kɪndɐ] *n pl*
› Sie haben drei **Kinder**: zwei
  Jungen und ein Mädchen.

children

› They have got three
  children: two boys and a
  girl.

der Mann [man] *n m*
› Sie möchte mit ihrem **Mann**
  rüberkommen.

husband

› She wants to come over
  with her **husband**.

die Mutter ['mʊtər] *n f*
› Ihre **Mutter** lebt in Paris.

mother

› Her **mother** lives in Paris.

die Schwester ['ʃvɛstər] *n f*
› Gestern ist meine
  Schwester aus ihrem Urlaub
  in Spanien
  zurückgekommen.

sister

› My **sister** arrived back
  from her holiday in Spain
  yesterday.

der Sohn [zoːn] *n m*
› Ich hoffe, mein **Sohn** sucht
  sich eine bessere Arbeit.

son

› I hope my **son** looks for a
  better job.

die Tochter ['tɔxtər] *n f*
〉 Meine **Tochter** ist fünf Jahre alt.

daughter
〉 My **daughter** is five years old.

sich treffen [zɪç'trɛfən] *v/ref*
〉 Wir könnten **uns** mit Freunden **treffen**.

to meet
〉 We could **meet** some friends.

der Vater ['faːtər] *n m*
〉 Unser neuer Lehrer ist **Vater** von vier Kindern.

father
〉 Our new teacher is a **father** of four children.

Perceptions and feelings

anschauen ['anʃaʊən] *v*
〉 **Schau** mich **an**! Ich rede mit dir.

to look at
〉 **Look at** me! I'm talking to you!

daran denken [da'ʀan'dɛŋkn̩] *phrase*
〉 Bitte **denke daran**, Anna anzurufen.

to remember
〉 Please **remember** to call Anna.

sich erinnern [zɪç|ɛr|inərn] *v/ref*
〉 **Erinnerst** du **dich** an Helene? – Nein, ich erinnere mich nicht an sie.

to remember
〉 **Do** you **remember** Helene? – No, I **don't remember** her.

freundlich ['frɔʏntlɪç] *adj*
〉 Sie ist sehr **freundlich** zu alten Menschen.

kind
〉 She is very **kind** to old people.

Glück haben [glʏkˈhaːbən] *phrase*

> Er **hatte Glück**, dass die Polizei da war.

lucky

> It was **lucky** for him that the police were there.

TIPP To wish somebody luck in German, you can say **Viel Glück!** or **Alles Gute** (which can be followed by **für** for and a noun). To friends you might say **Toi, toi, toi!** or for comic effect **Wird schon schief gehen! Break a leg!**

---

glücklich [ˈglʏklɪç] *adj*

> Sie ist sehr **glücklich** über ihren neuen Job.

happy

> She's very **happy** about her new job.

---

hoffen [ˈhɔfən] *v*

> Oh, es ist ein langer Weg. Ich **hoffe**, du bist nicht müde.

to hope

> Oh, it's a long way. I **hope** you're not tired.

---

hören [ˈhøːrən] *v*

> Ich habe nichts **gehört**.

to hear

> I **didn't hear** a thing.

---

nett [nɛt] *adj*

> Das war sehr **nett** von dir.

kind

> That was very **kind** of you.

Pech haben [pɛçˈhaːbən] *phrase*

> Er **hat** immer **Pech**.

to be unlucky

> He's always **unlucky**.

---

das Unglück [ˈʊnglʏk] *n*

> Tu das nicht! Das bringt **Unglück**!

bad luck

> Don't do that! It's **bad luck**!

---

vergessen [fɛrˈgɛsən] *v*

> **Vergiss** nicht, die Badezimmertür zu schließen!

to forget

> Don't **forget** to close the bathroom door!

Opinions

denken ['dɛŋkən] *v*
> Woran **denkst** du gerade?

to think
> What **are** you **thinking** about?

---

gern tun [gɛʁn'tuːn] *phrase*
> Ich fahre **gern** mit dem Auto.
> Ich stehe **gern** früh auf.

to like
> I **like** driving.
> I **like** to get up early.

---

glauben ['glaʊbən] *v*
> Ich **glaube** dir.
> Wir waren im obersten Stockwerk, **glaube** ich.

to believe, to think
> I **believe** you.
> We were on the top floor, I **think**.

---

großartig ['groːs|aːrtɪç] *adj*
> Dieser Abend war **großartig**.

great
> This evening was **great**.

TIPP You can also say: **Das war *super*!** or **Das war *toll*!**

---

interessant [ɪntərɛ'sant] *adj*
> Es gibt einige **interessante** Leute dort.

interesting
> There are some **interesting** people there.

---

interessiert [ɪntərɛ'siːet] *adj*
> Wir sind sehr an Ihren Plänen **interessiert**.

interested
> We are very **interested** in your plans.

---

mögen ['møːgən] *v*
> Ich **mag** heiße Schokolade.

to like
> I **like** hot chocolate.

---

nachdenken ['naːxdɛŋkən] *v*
> Worüber **denkt** sie gerade **nach**?

to think
> What**'s** she **thinking** about?

der Plan [plaːn] *n*
> Was sind deine **Pläne** für morgen?

plan
> What are your **plans** for tomorrow?

der Unterschied ['ʊntərʃiːt] *n*
> Was ist der **Unterschied**?

difference
> What's the **difference**?

unterschiedlich ['ʊntərʃiːtlɪç] *adj*
> Diese Leute sind sehr **unterschiedlich**.

different

> These people are very **different**.

TIPP Another adjective you can use in this context is **verschieden**.

versprechen [fɛɐ'ʃprɛxən] *v*
> Ich habe **versprochen**, es niemandem zu erzählen.

to promise
> I **promised** not to tell anyone.

wichtig ['vɪçtɪç] *adj*
> Es ist **wichtig**, ihr zu helfen.

important
> It is **important** to help her.

wollen ['vɔlən] *v*
> Bist du sicher, dass du nichts **willst**?

to want
> Are you sure you **don't want** anything?

Nationalities

Amerika [aˈmeːrika] *n*
> Mein Bruder lebt im Norden von **Amerika**.

America
> My brother lives in the north of **America**.

> **TIPP** **Amerika** is the name of the continent, but is often used to mean the United States of America, which is often shortened to USA.

der Amerikaner
[ameriˈkaːner] *n m*,
die Amerikanerin
[ameriˈkaːnerin] *n f*
> Mein Vater ist **Amerikaner**.

American

> My father is **American**.

amerikanisch [ameriˈkaːnɪʃ] *adj*
> Sie spricht **amerikanisches** Englisch.

American
> She speaks **American** English.

der Ausländer
[ˈaʊslɛndər] *n m*,
die Ausländerin
[ˈaʊslɛndərɪn] *n f*
> Jeder ist irgendwo ein **Ausländer**.

foreigner

> Everyone is a **foreigner** somewhere.

der Brite [ˈbrɪtə] *n m*,
die Britin [ˈbrɪtɪn] *n f*
> Der **Brite** hat seinen Pass verloren.

British man, British woman
> The **British man** has lost his passport.

britisch [ˈbrɪtɪʃ] *adj*
> Sie spricht mit einem **britischen** Akzent.

British
> She speaks with a **British** accent.

das Bundesland ['bʊndəslant] *n* **state**
> Deutschland besteht aus   > Germany is made up of
mehreren **Bundesländern**.   several **states**.

TIPP Germany is divided up into **16 Bundesländer** and Austria into **9**. Switzerland, on the other hand, is made up of **26 Kantonen** or **26 cantons**.

Deutschland [dɔytʃlant] *n* **Germany**
> Er ist in **Deutschland**.   > He is in **Germany**.

TIPP German is not only spoken in Germany, but also in Austria and Switzerland, as well as in parts of Liechtenstein, South Tyrol (in Italy), Alsace and Lorraine (in France), Luxembourg and Belgium. Some of these areas are bilingual.

---

der Deutsche [dɔytʃə] *n m*, **German**
die Deutsche *n f*
> Ich bin **Deutscher**.   > I'm **German**.

deutsch [dɔytʃ] *adj* **German**
> Ich habe ein paar **deutsche**   > I bought some **German**
Bücher gekauft.   books.

England ['ɛŋlant] *n* **England**
> **England** liegt südlich von   > **England** is south of Scot-
Schottland.   land.

TIPP Germans often use **England** to mean the whole of Great Britain.

der Engländer
['ɛŋlɛndər] *n m,*
die Engländerin
['ɛŋlɛndəʀɪn] *n f*

Englishman, Englishwoman

❯ Diese **Engländerin** hat mich um Informationen gebeten.

❯ This **Englishwoman** asked me for some information.

englisch ['ɛŋlɪʃ] *adj*

English

❯ Wie viele **englische** Wörter kennst du bereits?

❯ How many **English** words do you know already?

Europa [ɔy'roːpa] *n*

Europe

❯ **Europa** ist viel kleiner als Afrika.

❯ **Europe** is much smaller than Africa.

der Europäer [ɔyro'pɛːər] *n m,*
die Europäerin [ɔyro'pɛːəʀɪn] *n f*

European

❯ Ich bin kein **Europäer**. Ich bin Afrikaner.

❯ I'm not **European**. I'm African.

europäisch [ɔyro'pɛːɪʃ] *adj*

European

❯ Es gibt viele **europäische** Sprachen.

❯ There are a lot of **European** languages.

international [ɪntərnatsio'naːl] *adj*

international

❯ Das ist eine **internationale** Gruppe junger Leute.

❯ It's an **international** group of young people.

Irland ['ɪrlant] *n*

Ireland

❯ **Irland** ist ein Land westlich von England.

❯ **Ireland** is a country to the west of England.

der Ire ['iːrə] *n m,*
die Irin ['iːrɪn] *n f*

Irishman, Irishwoman

❯ Wir haben viele Iren im Pub getroffen, aber keine **Irinnen**.

❯ We met a lot of **Irishmen** in the pub but no Irish-women.

irisch ['iːrɪʃ] *adj*
> Diese Musik klingt sehr **irisch**.

Irish
> This music sounds very **Irish**.

Kanada ['kanada] *n*
> **Kanada** ist ein sehr großes Land.

Canada
> **Canada** is a very big country.

der Kanadier [ka'naːdiər] *n m*, **die Kanadierin** [ka'naːdiərɪn] *n f*
> Viele **Kanadier** sprechen Französisch.

Canadian
> A lot of **Canadians** speak French.

kanadisch [ka'naːdɪʃ] *adj*
> **Kanadische** Städte sind sehr sauber.

Canadian
> **Canadian** cities are very clean.

der Kanton [kan'toːn] *n*
> Die Schweiz besteht aus 26 **Kantonen**.

canton
> Switzerland is made up of 26 **cantons**.

TIPP In Switzerland you sometimes also hear people say **das Kanton**.

das Land [lant] *n*
> München liegt im Süden des **Landes**.

country
> Munich is in the south of the **country**.

die Leute ['lɔytə] *n pl*
> In vielen Ländern gibt es sehr wenige reiche und sehr viele arme **Leute**.

people
> In a lot of countries there are very few rich and very many poor **people**.

man [man] *pron*
> In vielen Ländern isst **man** kein Schweinefleisch.

people, you, one
> In many countries **people** don't eat pork.

> **TIPP** **Man** is used to make a general statement or in cases where there is no concrete subject: *Man sollte immer freundlich sein! You should always be friendly. Im Meer kann man schwimmen! You can swim in the sea!* In this way, it stands for an undefined group of people.

die Menschen [mɛnʃən] *n pl*
> Der Alltag von vielen **Menschen** dreht sich um die Arbeit.

people
> For many **people**, everyday life revolves around work.

die Nation [natsi'oːn] *n*
> Die ganze **Nation** verfolgte die Rede im Radio.

nation
> The whole **nation** listened to the speech on the radio.

national [natsio'naːl] *adj*
> Ich arbeite an einem **nationalen** Forschungsprogramm zu diesem Thema.

national
> I'm working on a **national** research programme on that matter.

die Nationalität [natsionali'tɛːt] *n*
> Welche **Nationalität** hat er?

nationality
> What **nationality** is he?

> **TIPP** Another word for **nationality** in German is **Staatsangehörigkeit.**

Österreich ['ø:stəraɪç] *n*
> **Österreich** liegt südlich von
  Deutschland.

Austria
> **Austria** is south of
  Germany.

der Österreicher
['ø:stəraɪçər] *n m*,
die Österreicherin
['ø:stəraɪçəʀın] *n f*
> Viele **Österreicher** leben in
  Deutschland.

Austrian

> A lot of **Austrians** live in
  Germany.

österreichisch ['ø:stəraɪçɪʃ] *adj*
> Ich mag **österreichische**
  Musik.

Austrian
> I like **Austrian** music.

die Schweiz [ʃvaɪts] *n*
> Die **Schweiz** ist ein kleines
  Land mit hohen Bergen.

Switzerland
> **Switzerland** is a small
  country with high moun-
  tains.

der Schweizer ['ʃvaɪtsər] *n m*,
die Schweizerin ['ʃvaɪtsərın] *n f*
> Die **Schweizer** lieben ihr
  Land.

Swiss

> The **Swiss** love their
  country.

Schweizer ['ʃvaɪtsər] *adj*
> Isst du häufig **Schweizer**
  Käse?

Swiss
> Do you often eat **Swiss**
  cheese?

BODY AND HEALTH

Parts of the body

der Arm [arm] *n*
》 Er hat sich den **Arm** gebrochen.

arm
》 He has broken his **arm**.

das Auge ['augə] *n*
》 Susan hat grüne **Augen**.

eye
》 Susan's got green **eyes**.

> **TIPP** The plural form is always used in German when you're talking about eye colour: **Sie hat blaue Augen. She's got blue eyes.** Also: **Sie hat sehr schöne Augen. She's got very beautiful eyes.**

das Bein [baɪn] *n*
》 Sie hat sich letzten Monat das **Bein** gebrochen.

leg
》 She broke her **leg** last month.

der Fuß [fuːs] *n*
》 Thomas hat sich am linken **Fuß** verletzt.

foot
》 Thomas has hurt his left **foot**.

das Haar [haːr] *n*
》 Mary wusch sich die **Haare**.

hair
》 Mary washed her **hair**.

> **TIPP** **Haare** is used mostly in the plural in German: **Sie hat blonde *Haare*. She's got blonde *hair*. Das Haar** (singular) mostly refers to one single hair.

die Hand [hant] *n*	**hand**
⟩ Er hat sich in die **Hand** geschnitten.	⟩ He cut his **hand**.
der Kopf [kɔpf] *n*	**head**
⟩ Bei dem Unfall verletzte sie sich am **Kopf**.	⟩ She hurt her **head** in the accident.
der Magen ['maːgən] *n*	**stomach**
⟩ Mein **Magen** tut weh.	⟩ My **stomach** hurts.
der Mund [mʊnt] *n*	**mouth**
⟩ Machen Sie bitte den **Mund** auf!	⟩ Open your **mouth**, please.
das Ohr [oːr] *n*	**ear**
⟩ Bei dem Unfall verletzte er sich das rechte **Ohr**.	⟩ He hurt his right **ear** in the accident.
der Rücken ['rʏkən] *n*	**back**
⟩ Er stand mit dem **Rücken** zur Wand.	⟩ He stood with his **back** to the wall.
der Zahn [tsaːn] *n*	**tooth**
⟩ Mein **Zahn** tut weh.	⟩ My **tooth** hurts.

Medical treatment

die Apotheke [apoˈteːkə] *n*	**chemist's**
⟩ Gibt es hier in der Nähe eine **Apotheke**?	⟩ Is there a **chemist's** near here?

der Arzt [aːrtst] *n m*,
die Ärztin ['ɛːrtstɪn] *n f*

❭ Ich war gestern bei einer tollen **Ärztin**. Die war wirklich nett!

doctor

❭ I saw a wonderful **doctor** yesterday. She was really nice!

TIPP The word **Doktor, in** is also used in informal German as a synonym of **Arzt, Ärztin**. In its abbreviated form (Dr.), however, it means anyone with a doctorate.

sich erholen [zɪç|ɛr'hoːlən] *v/ref*

❭ Er war sehr krank, aber er **erholt sich** jetzt.

to get better

❭ He was very ill, but he**'s getting better** now.

die Medizin [medi'tsiːn] *n*

❭ Hast du deine **Medizin** heute Morgen genommen?

medicine

❭ Did you take your **medicine** this morning?

die Pille ['pɪlə] *n*

❭ Nehmen Sie zwei **Pillen** mit einem Glas Wasser.

pill

❭ Take two **pills** with a glass of water.

TIPP Another German word for **Pille** is **die Tablette**, which means **tablet**.

schmerzen ['ʃmɛrtsən] *v*

❭ Mein rechtes Ohr **schmerzt**.

to hurt

❭ My right ear **hurts**.

die Schmerzen [ʃmɛrtsən] *n pl*

❭ Ich habe schreckliche **Schmerzen** in meinem rechten Bein.

pain

❭ I've got a terrible **pain** in my right leg.

TIPP The word **Schmerzen** is mostly used in the plural.

verletzen [fɛr'lɛtsən] *v*

❭ Sie **verletzte** sich am Fuß.

to hurt

❭ She **hurt** her leg.

der Zahnarzt ['tsaːnaːɐtst] *n m,* **dentist**
die Zahnärztin ['tsaːnɛːɐtstɪn]
n f
❭ Gestern bin ich zum
  Zahnarzt gegangen.

❭ I went to the **dentist's**
  yesterday.

Health, accidents and illnesses

der Alkohol ['alkohoːl] *n* **alcohol**
❭ Zu viel **Alkohol** ist schlecht
  für deine Gesundheit.

❭ Too much **alcohol** is bad
  for your health.

alkoholisch [alko'hoːlɪʃ] *adj* **alcoholic**
❭ Dieses Restaurant serviert
  keine **alkoholischen**
  Getränke.

❭ This restaurant does not
  serve **alcoholic** drinks.

die Behinderung **disability**
[bə'hɪndəʀʊŋ] *n*
❭ Es gibt viele Werkstätten
  für Menschen mit
  Behinderung.

❭ There are a lot of
  workshops for people with
  a **disability**.

die Droge ['droːgə] *n* **drug**
❭ **Drogen** sind momentan ein
  ernsthaftes Problem.

❭ **Drugs** are a serious problem at the moment.

die Erkältung [ɛɐ'kɛltʊŋ] *n* **cold**
❭ Ich habe eine schlimme
  Erkältung.

❭ I've got a bad **cold**.

die Gefahr [gə'faːr] *n* **danger**
❭ Nein, mein Leben war nicht
  in **Gefahr**.

❭ No, my life was not in
  danger.

gesund [gə'zʊnt] *adj*
> Sie ist nie krank. Sie ist sehr **gesund**.

healthy
> She's never ill. She is very **healthy**.

die Grippe ['grɪpə] *n*
> Mein Mann kann diese Woche nicht zur Arbeit gehen. Er hat (die) **Grippe**.

flu
> My husband can't go to work this week. He's got the **flu**.

der Husten ['huːstən] *n*
> Du hast einen ziemlich schlimmen **Husten**.

cough
> You have quite a bad **cough**.

die Kopfschmerzen ['kɔpfʃmɛrtsən] *n*
> Heute Morgen bin ich mit schrecklichen **Kopfschmerzen** aufgewacht.

headache
> I woke up this morning with a terrible **headache**.

krank [kraŋk] *adj*
> Er liegt **krank** im Bett.
> Seine Schwester ist sehr **krank**.

ill, sick
> He's **ill** in bed.
> His sister is very **sick**.

das Krankenhaus ['kraŋkənhaʊs] *n*
> Jacquelines Mutter ist im **Krankenhaus**.

hospital
> Jacqueline's mother is in **hospital**.

der Krankenwagen ['kraŋknˌvagn] *n*
> Ruf einen **Krankenwagen**!

ambulance
> Call for an **ambulance**!

rauchen ['ʀaʊxn̩] *v*
> Bitte **rauchen** Sie in diesem Raum nicht.

to smoke
> Please **don't smoke** in this room.

sterben [ˈʃtɛrbən] *v*
> Sieben Menschen **starben** bei dem Unfall.

to die
> Seven people **died** in the accident.

übel [ˈyːbəl] *adj*
> Auf der Fähre war mir auch **übel**.

sick
> I felt **sick** on the ferry too.

der Unfall [ˈʊnfal] *n*
> Letzte Woche hatte sie einen schlimmen **Unfall**.

accident
> She had a bad **accident** last week.

vorsichtig [ˈfoːrzɪçtɪç] *adj*
> Sei **vorsichtig**! Da kommt ein Auto.

careful
> Be **careful**! There's a car coming.

die Zigarette [tsigaˈrɛtə] *n*
> Bist du sicher, dass du keine **Zigarette** willst?

cigarette
> Are you sure you don't want a **cigarette**?

COMMUNICATION

Communicating and communication problems

die Antwort ['antvɔrt] *n*
> Ich habe keine **Antwort** von ihm erhalten.

answer
> I got no **answer** from him.

---

auch [aux] *adv*
> Ich spreche Deutsch, Französisch und **auch** ein bisschen Spanisch.

also
> I speak German, French and **also** some Spanish.

---

die Frage ['fraːɡə] *n*
> Das kommt gar nicht in **Frage**.

question
> That's out of the **question**.

---

das Gespräch [ɡəˈʃprɛːç] *n*
> Wir hatten ein **Gespräch** über Geld.

talk
> We had a **talk** about money.

---

der Krach [krax] *n*
> Was für ein fürchterlicher **Krach**!

noise
> What a terrible **noise**!

TIPP As well as **Krach**, you can also say **der Lärm** in German, which (like **Krach**) is only ever used in the singular. **Was ist das für ein Lärm? What's all this noise about?**

---

noch einmal ['nɔx|aɪn'maːl] *adv*
> Kannst du das **noch einmal** sagen?

again
> Can you say that **again**?

TIPP The informal expression **noch mal** is also very commonly used.

reden ['re:dən] *v*	**to talk**
› Sie **redet** gerne über das Wetter.	› She likes **talking** about the weather.

sagen ['za:gən] *v*	**to tell**
› Kannst du mir **sagen**, wie ich dort hinkomme?	› Can you **tell** me how to get there?

sprechen ['ʃprɛçən] *v*	**to speak, to talk**
› Wie viele Sprachen **sprechen** Sie?	› How many languages **do** you **speak**?
› Wir **sprechen** über die Nachrichten.	› We **are talking** about the news.

sich unterhalten [zɪç|ʊntər'haltən] *v/ref*	**to talk**
› Wir haben uns über den Film **unterhalten**.	› We **talked** about the film.

Saying please, thank you and excuse me

bitte ['bɪtə] *interj*	**please**
› Möchtest du etwas Tee? – Ja, **bitte**!	› Would you like some tea? – Yes, **please**!

Bitte! ['bɪtə] *interj*	**you're welcome!**
› Danke für dein Geschenk! – **Bitte**!	› Thanks for your present! - **You're welcome**!

TIPP Other ways of saying **You're welcome** in German are **Gern geschehen!** or **Keine Ursache!**

Danke! [ˈdaŋkə] *interj*	**Thank you!**
❭ Vielen herzlichen **Dank**. Das war sehr nett von Ihnen.	❭ **Thank you** very much. That was very kind of you.
Entschuldigung! [ɛntˈʃʊldɪɡʊŋ] *interj*	**Pardon!, Sorry!**
❭ **Entschuldigung**? Was haben Sie gesagt?	❭ **Pardon**? What did you say?
❭ Oh, habe ich Ihren Stift genommen? **Entschuldigung**!	❭ Oh, have I taken your pen? **Sorry**!
Wie bitte? [viːˈbɪtə] *interj*	**Pardon!**
❭ **Wie bitte?** Ich habe das nicht verstanden.	❭ **Pardon**? I didn't understand that.
wiederholen [viːdeˈhoːlən] *v*	**to repeat**
❭ Könnten Sie das bitte **wiederholen**?	❭ Could you **repeat** that, please?

Saying hello and goodbye

Bis bald! [bɪsˈbalt] *phrase*	**See you soon!**
Guten Abend! [guːtənˈaːbənt] *phrase*	**Good evening!**
❭ **Guten Abend**. Willkommen zu unserer Party.	❭ **Good evening**. Welcome to our party.
Guten Morgen! [guːtənmɔʀɡn̩] *phrase*	**Good morning!**
❭ **Guten Morgen**. Schön, Sie zu sehen!	❭ **Good morning**. Nice to see you!

Guten Tag! [guːtən'taːk] *phrase* **Good afternoon!**
) **Guten Tag.** Kann ich Ihnen) **Good afternoon.** Can I
   helfen? help you?

TIPP You can often hear different greetings being used in different parts of Germany, or in Austria and Switzerland: **Grüß Gott!**, **Servus** (in southern Germany/Austria), **Grüezi** (in Switzerland) and **Moin, moin!** (in northern Germany) are often used instead of **Guten Tag!** or **Hallo!**

Hallo! ['halo] *interj ugs* **Hello!, Hi!**
) **Hallo**, Christian. Wie steht) **Hello** Christian. How are
   es? things?

Herein! [hɛ'raɪn] *interj* **Come in!**
) **Herein!** Die Tür ist offen.) **Come in**, please! The door
   is open.

Nett, Sie kennenzulernen. **Nice to meet you.**
[nɛtziː'kɛnəntsuːlɛʁnən] *phrase*
) Hallo, ich bin Julia Schäfer.) Hello, I'm Julia Schäfer.
   Nett, Sie kennenzulernen. **Nice to meet you.**

Tschüs! [tʃvs] *interj ugs* **Bye!**
) **Tschüs**, bis später!) **Bye**, see you later.

TIPP When saying goodbye in German you can choose between the following: **(Auf) Wiedersehen!** (polite and neutral), **Tschüs(s)!** (among friends) or **Bis bald!** (neutral).

sich verabschieden **to say goodbye**
[zɪç'fɛʁ'|apʃiːdən] *v/ref*
) Michael, **verabschiede dich**) Michael, **say goodbye** to
   von Lisa, wir gehen jetzt Lisa, we're going home
   nach Hause. now.

TIPP If you're saying goodbye to somebody on the telephone in German, you say **Auf Wiederhören!** or simply **Tschüs!**

Willkommen! [vɪlˈkɔmən] *interj*

Welcome!

> **Willkommen** in Berlin!

> **Welcome** to Berlin!

Agreeing, disagreeing and inviting

Es ist egal. [ɛsɪsteˈgaːl] *phrase*

It doesn't matter.

> Wir bekommen alle das Gleiche. **Es ist** also **egal**.

> We're all having the same thing, so **it doesn't matter**.

falsch [falʃ] *adj*

wrong

> Entschuldigung! Sie fahren in die **falsche** Richtung.

> Excuse me. You're going the **wrong** way.

in Ordnung [ɪnˈɔʁdnʊŋ] *phrase*

all right, okay

> Schon gut, alles **in Ordnung**.

> It's **all right**.

ja [jaː] *part*

yes

> **Ja**, gewiss.

> **Yes**, certainly.

kein(e) [kain] *pron*

not

> Holland ist klein, es ist **kein** großes Land.

> Holland is small, it's **not** a big country.

Lass uns ... [lasⁱʊns] *phrase*

Let's ...

> **Lass uns** heute Abend ausgehen!

> **Let's** go out tonight!

TIPP **Lass uns** is often used to make suggestions, just like **Let's** in English.

Na klar! [naˈklaːɐ] *interj*

Sure!

> Ja, **na klar**! Gehen wir!

> Yes, **sure**! Let's go!

nein [nain] *part*
> Die Antwort ist **Nein**.

no
> The answer is **no**.

nicht [nɪçt] *part*
> Du bist **nicht** alt genug, um Auto zu fahren.

not
> You're **not** old enough to drive a car.

richtig ['rɪçtɪç] *adj*
> Ich denke, er hat den **richtigen** Job gefunden.

right
> I think he's found the **right** job.

sicher ['zɪçər] *adj*
> Ich weiß nicht, ich bin nicht **sicher**.

sure
> I don't know, I'm not **sure**.

vielleicht [fi'laɪçt] *adv*
> **Vielleicht** könnten wir um den See herum gehen.

perhaps
> **Perhaps** we could walk around the lake.

Vorsicht! ['foːrezɪçt] *interj*
> **Vorsicht!** Da kommt ein Auto.

Look out!
> **Look out!** There's a car coming.

TIPP In German you shout **Achtung!** or **Vorsicht!** to warn somebody of danger. If it's you who is in need of assistance, then you shout **Hilfe!**

wahr [vaːr] *adj*
> Es ist eine **wahre** Geschichte.

true
> It's a **true** story.

Idioms and small talk

also ['alzo] *adv*
❯ **Also**, willst du das rote Kleid oder nicht?

well
❯ **Well**, do you want to have the red dress or not?

da ist [daːɪst] *phrase*
❯ Schau, **da ist** Peter!

there is
❯ Look, **there's** Peter!

es gibt [ɛsgiːpt] *phrase*
❯ **Es gibt** einen neuen Supermarkt in der Stadt.

there is
❯ **There's** a new supermarket in town.

(Herzlichen) Glückwunsch! ['hɛrtslɪçən'glʏkvʊnʃ] *interj*
❯ **Glückwunsch!** Du bist der Erste.

Congratulations!
❯ **Congratulations!** You're the first.

gut [guːt] *adj*
❯ Sie spricht **gut** Deutsch.

good, well
❯ She speaks German **well**.

leider ['laɪdər] *adv*
❯ Ich kann Ihnen **leider** nicht helfen.

I'm afraid
❯ **I'm afraid** I can't help you.

Was für ein(e) ...! [vasfyːe|aɪn] *interj*
❯ **Was für eine** schöne Nacht!

What ...!
❯ **What** a beautiful night!

Was ist los? [vasɪst'loːs] *phrase*
❯ **Was ist los** mit dir?

What's the matter?
❯ **What's the matter** with you?

Wie wäre es mit ...?
[viːvɛːʁəˈɛsmɪt] *phrase*

How about ...?, What about ...?

> **Wie wäre es mit** einem Mittagessen in dem Restaurant um die Ecke?

> **What about** lunch in the restaurant around the corner?

The media and postal service

aufschreiben [ˈaʊfʃʁaɪbən] *v*

to write down

> Können Sie bitte die Adresse für mich **aufschreiben**?

> Can you **write** the address **down** for me, please?

der Brief [briːf] *n*

letter

> Er schrieb einen **Brief** und erklärte alles.

> He wrote a **letter** and explained everything.

die Briefmarke [ˈbriːfmaʁkə] *n*

stamp

> Kann ich bitte eine **Briefmarke** für diesen Brief nach Belgien haben?

> Can I have a **stamp** for this letter to Belgium, please?

das Fernsehen [ˈfɛʁnzeːən] *n*

television, TV

> Was gibt's heute Abend im **Fernsehen**?

> What's on **television** tonight?

die Karte [ˈkaʁtə] *n*

card

> Wir bekommen immer viele **Karten** zu Weihnachten.

> We always get a lot of **cards** at Christmas.

Liebe(r, -s) ['liːbə] *adj*
❭ **Liebe** Mary, ...

dear
❭ **Dear** Mary, ...

TIPP In German letters or emails you normally start by putting **Liebe/r Dear** followed by the person's first name or surname: **Lieber Thomas** or **Liebe Elke** or **Lieber Herr Meyer**. In official correspondence you can use **Sehr geehrte Frau Schumann Dear Mrs Schumann** or **Sehr geehrter Herr Müller**. Next comes a comma and the following line starts with a lower-case letter.

die Nachrichten ['naːxrɪçt] *n*
❭ Es ist zehn Uhr. Es folgen die **Nachrichten**.

news
❭ It's ten o'clock. The **news** is next.

TIPP If **die Nachricht** is used in the singular, it means **information** or **message Ich habe eine wichtige *Nachricht* für dich. I have an important *message* for you.**

das Papier [pa'piːr] *n*
❭ Sie schreibt ihre Briefe auf gelbem **Papier**.

paper
❭ She writes her letters on yellow **paper**.

persönlich [pɛr'zønːlɪç] *adj*
❭ Das ist ein **persönlicher** Brief.

private
❭ This is a **private** letter.

die Post [pɔst] *n*
❭ Kannst du es bitte heute mit der **Post** schicken?

post
❭ Can you send it by **post** today, please?

die Postkarte ['pɔstkartə] *n*
❭ Ich werde diese **Postkarte** an ihre Mutter schicken.

postcard
❭ I'm going to send this **postcard** to her mother.

das Programm [pro'gram] *n*

> Heute Abend gibt es ein gutes **Programm** im Fernsehen.

programmes

> There are some good **programmes** on TV tonight.

TIPP The German word for **broadcasting** or **a single transmission** is **die Sendung**.

---

das Radio ['raːdio] *n*

> Hast du die Nachrichten im **Radio** gehört?

radio

> Did you hear the news on the **radio**?

---

schicken ['ʃɪkən] *v*

> Hast du ihm diese Postkarte **geschickt**?

to send

> **Did** you **send** him that postcard?

---

schreiben ['ʃraibən] *v*

> Kann dein Sohn **schreiben**?

to write

> Can your son **write**?

---

senden ['zɛndn̩] *v*

> Ich muss noch ein wichtiges Paket in die Schweiz **senden**.

to send

> I still have to **send** an important parcel to Switzerland.

---

die Zeitschrift ['tsaitʃrɪft] *n*

> Ist das eine **Zeitschrift** für Frauen?

magazine

> Is this a women's **magazine**?

TIPP Other common terms for **magazine** in German are **die Illustrierte** or **das Magazin**.

---

die Zeitung ['tsaitʊŋ] *n*

> Kann ich einen Blick in deine **Zeitung** werfen?

newspaper, paper

> Can I have a look at your **newspaper**?

Telephones, mobile phones and the internet

der Anrufbeantworter
['anʀuːfbəʔantvɔʁte] *n*

answerphone

》 Ich habe eine Nachricht auf deinem **Anrufbeantworter** hinterlassen.

》 I've left a message on your **answerphone**.

anrufen ['anʀuːfən] *v*

to phone

》 Warum **rufst** du deinen Bruder nicht **an**?

》 Why don't you **phone** your brother?

sich ausloggen ['aʊslɔgn] *v/ref*

to log off

》 Vergiss nicht, dich wieder **auszuloggen**, wenn du fertig bist.

》 Don't forget to **log off** again when you're done.

der Bildschirm ['bɪltʃɪʁm] *n*

screen

》 Ich brauche einen großen **Bildschirm**, um Filme ansehen zu können.

》 I need a large **screen** to be able to watch films.

der Computer [kɔm'pjuːte] *n*

computer

》 Heute hat fast jeder einen **Computer**.

》 Nowadays nearly everybody has a **computer**.

TIPP As well as computer, you often hear the words **PC** or **Laptop** used in German.

chatten ['tʃætən] *v*

to chat

》 Ich liebe es, mit meinen Freuden **zu chatten**.

》 I love **chatting online** with my friends.

die Daten ['daːtn̩] *n pl*
> Fast jeder hat sensible **Daten** auf seinem Computer.

data
> Almost everybody has sensitive **data** on their computer.

der Drucker ['dʀʊke] *n*
> Meine Mutter hat einen neuen **Drucker** gekauft.

printer
> My mother bought a new **printer**.

sich einloggen ['ainlɔgn̩] *v/ref*
> Sie müssen sich erst auf unserer Website **einloggen**, bevor Sie Ihren Einkauf beginnen.

to log on
> You need to log on to our website first before you start shopping.

eine E-Mail schreiben ['aɪnəˈeˈmaɪlˈʃʀaɪbn̩] *phrase*
> Stör mich bitte nicht! Ich **schreibe** gerade **eine E-Mail**.

to write an email
> Please don't bother me. I'm **writing an email**.

TIPP Germans usually sign off their letters and emails with the phrase **Viele/Liebe/Herzliche Grüße**. In formal letters, however, they often use **Mit freundlichen Grüßen**.

die Festplatte ['fɛstplatə] *n*
> Auf der **Festplatte** habe ich meine Urlaubsfotos gespeichert.

hard disk
> I've saved my holiday photos onto the **hard disk**.

das Handy ['hɛndi] *n*
> Warum hast du mich nicht auf dem **Handy** angerufen?

mobile phone
> Why didn't you call me on my **mobile phone**?

TIPP Another word for **Handy** is **das Mobiltelefon**, and the German for **to dial a number** is **eine Nummer wählen**.

das Internet ['ıntərnɛt] *n*
❯ Meinen letzten Job habe ich im **Internet** gefunden.

Internet
❯ I found my last job on the **Internet**.

TIPP Many English terms from the world of technology have been adopted into German, such as **die Hardware** and **die Software, die CD-ROM, die DVD** and **der Cursor**, as well as **der Laptop, das Smartphone, das Notebook, der Router** and **online (sein)**. You will also often come across words which have been 'Germanized', for example, **einscannen** from **to scan** or **installieren** from **to install**.

---

klicken ['klıkn] *v*
❯ Um eine Datei zu öffnen, musst du zweimal darauf **klicken**.

to click
❯ To open a file, you have to double-**click** on it.

kommunizieren
[kɔmuni'tsiːrən] *v*
❯ Wenn ich im Urlaub bin, müssen wir per E-Mail **kommunizieren**.

to communicate
❯ When I'm on holiday we must **communicate** by email.

TIPP **Per** followed by a noun is used to give more information about how something is being done: **per Anhalter reisen to hitchhike**, **per Post / E-Mail schicken to send through the post / by email.**

---

löschen [lœʃn] *v*
❯ Oh nein! Jetzt habe ich die ganze Datei **gelöscht**.

to delete
❯ Oh no! Now I've **deleted** the whole file.

die Maus [maʊs] *v*
❯ Mit der **Maus** kann ich schneller arbeiten als mit dem Touchpad.

mouse
❯ I can work more quickly with the **mouse** than with the touchpad.

rufen ['ruːfən] *v*
> Und dann haben wir die Polizei **gerufen**.

to call
> And then we **called** the police.

---

die SMS [ɛs|ɛm'|ɛs] *n*
> Warum schickst du ihr keine **SMS**?

text message
> Why don't you send her a **text message**?

---

speichern ['ʃpaɪçɐn] *v*
> Ich rate dir, alles auf dem Desktop zu **speichern**.

to save
> I advise you to **save** everything on the desktop.

---

die Taste ['tastə] *n*
> Drücke auf die **Tasten**, um einen Buchstaben einzugeben.

key
> Press the **key** to enter a letter.

---

das Telefon [teleˈfoːn] *n*
> Gibt es hier in der Nähe ein öffentliches **Telefon**?

telephone
> Is there a public **telephone** near here?

---

das WLAN [veˈlaːn] *n*
> In allen Zimmern des Hotels gab es **WLAN**.

Wi-fi
> There was **Wi-fi** in every room of the hotel.

---

zurückrufen [tsuˈʀʏkˈruːfn̩] *v*
> Danke, dass Sie **zurückgerufen** haben.

to phone back
> Thank you for **phoning back**.

HOME AND EVERYDAY LIFE

Everyday activities

anhalten ['anhaltn] v
› Er **hielt** den Wagen **an**.

to stop
› He **stopped** the car.

aufhören ['aufhø:rən] v
› Letztes Jahr **hörte** er mit dem Rauchen **auf**.

to stop
› He **stopped** smoking last year.

beschäftigt [bə'ʃɛftɪçt] adj
› Ich bin gerade sehr **beschäftigt**.

busy
› I'm very **busy** at the moment.

brauchen ['brauxən] v
› Ich **brauche** ein neues Auto.

to need
› I **need** a new car.

bringen ['brɪŋən] v
› **Bringe** es nächste Woche zurück.

to bring
› **Bring** it back next week.

folgen ['fɔlgən] v
› Wir **folgten** der Bedienung zu unserem Tisch.

to follow
› We **followed** the waitress to our table.

geben ['ge:bən] v
› Er **gab** uns seinen Stadtplan.

to give
› He **gave** us his map.

halten ['haltən] v
》 Er **hielt**, um eine Zigarette zu rauchen.

to stop
》 He **stopped** to smoke a cigarette.

TIPP The German verbs **halten** and **anhalten** both mean **to stop**. However, **halten** can also be used to mean **to hold**: Ich *halte* ein schönes Buch in meiner Hand. I'm *holding* a beautiful book in my hand.

helfen ['hɛlfən] v
》 Kann ich Ihnen **helfen**?

to help
》 Can I **help** you?

TIPP If you're looking for something, use the following phrases to ask for help: **Entschuldigen Sie. Wissen Sie vielleicht, wo ich ... finde?** Excuse me, do you know where I might find ...? or **Verzeihung! Könnten Sie mir bitte helfen?** Excuse me, could I get some help please?

holen ['ho:lən] v
》 Könntest du mir eine Cola **holen**?

to get
》 Could you **get** me a Coke?

kennen ['kɛnən] v
》 **Kennen** Sie das neue Café in der Parkstraße?

to know
》 **Do** you **know** that new café on Park Street?

kommen ['kɔmən] v
》 Ich kann um drei Uhr **kommen**.

to come
》 I can **come** at three o'clock.

schenken ['ʃɛŋkən] v
》 Was hat er dir zum Geburtstag **geschenkt**?

to give
》 What **did** he **give** you for your birthday?

stehen ['ʃte:ən] v
》 Sie **stand** im Garten und hörte den Vögeln zu.

to stand
》 She **stood** in the garden and listened to the birds.

verfolgen [fɛrˈfɔlgən] v
》 Alle Hunde **verfolgen** mich.

to follow
》 All the dogs **are following** me.

---

weg [vɛk] adv
》 Bitte **räume** deine Bücher **weg**.

away
》 Please put your books **away**.

wissen [ˈvɪsən] v
》 **Wusstest** du das?

to know
》 **Did** you **know** that?

zurückstellen [tsuˈʀʏkˈʃtɛlən] v
》 Sie **stellte** das Buch **zurück**.

to put ... back
》 She **put** the book **back**.

Everyday routine

das Abendessen [ˈaːbn̩tˌʔɛsn̩] n
》 Was gibt es heute zum **Abendessen**?

dinner
》 What's for **dinner** tonight?

abschließen [ˈapʃliːsn̩] v
》 **Schließt** bitte die Tür nicht **ab**! Ich habe keinen Schlüssel dabei!

to lock
》 Don't **lock** the door, please! I haven't got a key with me!

sich anziehen [zɪçˌʔantsiːən] v/ref
》 **Zieh** dich **an**! Das Frühstück ist fertig.

to get dressed
》 **Get dressed**! Breakfast is ready.

aufstehen [ˈaʊfʃteːən] v
》 Ich **stehe** jeden Tag um sieben Uhr **auf**.

to get up
》 I **get up** at seven o'clock every day.

aufwachen ['aʊfvaxən] v
> Schlafen die Kinder die ganze Nacht, ohne **aufzuwachen**?

to wake up
> **Do** the children sleep all night without **waking up**?

---

aufwecken ['aʊfvɛkn̩] v
> Warum hast du mich **aufgeweckt**?

to wake up
> Why **did** you wake me up?

---

ausziehen ['aʊstsiːən] v
> **Zieh** deine Schuhe **aus** und dann kannst du ins Haus gehen.

to take off
> **Take off** your shoes and then you can go into the house.

---

einschlafen ['aɪnʃlaːfn̩] v
> Oft kann ich abends nicht **einschlafen**.

to fall asleep, to get to sleep
> I often can't **get to sleep** at night.

---

durstig ['dʊrstɪç] adj
> Bist du **durstig**? Willst du etwas trinken?

thirsty
> Are you **thirsty**? Do you want a drink?

---

duschen ['duːʃən] v
> Ich **dusche** jeden Abend.

to have a shower
> I **have a shower** every night.

---

das Frühstück ['fryːʃtʏk] n
> Heute gibt es um acht Uhr **Frühstück**.

breakfast
> Today we have **breakfast** at eight o'clock.

---

die Hausfrau ['haʊsfraʊ] n
> Warum bekommen **Hausfrauen** kein Geld für ihre Arbeit?

housewife
> Why don't **housewives** get money for their work?

hungrig [ˈhʊŋrɪç] *adj*
⟩ Ich werde jetzt **hungrig**.

hungry
⟩ I'm getting **hungry** now.

kochen [ˈkɔxən] *v*
⟩ Er war zu krank, um sich ein Abendessen zu **kochen**.

to cook
⟩ He was too ill to **cook** an evening meal.

machen [ˈmaxən] *v*
⟩ Tja, da kann man nichts **machen**.

to do
⟩ Well, there's nothing you can **do**.

das Mittagessen [ˈmɪtaːkɛsən] *n*
⟩ Wie wär's mit einem netten **Mittagessen** in einem kleinen Restaurant?

lunch
⟩ What about a nice **lunch** in a little restaurant?

offen [ˈɔfən] *adj*
⟩ Warum ist das Fenster **offen**?

open
⟩ Why is the window **open**?

schlafen [ˈʃlaːfən] *v*
⟩ Ich konnte die ganze Nacht nicht **schlafen**.

to sleep
⟩ I couldn't **sleep** all night.

schließen [ˈʃliːsən] *v*
⟩ Die Diskothek **schließt** um fünf Uhr morgens.

to close
⟩ The disco **closes** at five o'clock in the morning.

tun [tuːn] *v*
⟩ Ich habe heute nichts zu **tun**.

to do
⟩ I've got nothing to **do** today.

TIPP The verb **tun** is often combined with adjectives to form phrases: **Das tut weh. That hurts. Das tut gut. That feels good.** Otherwise, the verb **machen** is generally the more common way of expressing **to do** in German: **Ich mache meine Hausaufgabe. I'm doing my homework.**

warten ['vartən] v
> Sie hielt an und **wartete** auf uns.

to wait
> She stopped and **waited** for us.

Houses and rooms

der Ausgang ['ausgaŋ] n
> Wo ist der **Ausgang** in diesem Gebäude?

exit
> Where's the **exit** in this building?

das Bad [baːt] n
> Ich möchte ein Zimmer mit **Bad**.

bath
> I'd like a room with a **bath**.

das Badezimmer ['baːdətsɪmɐ] n
> Das Haus hat drei **Badezimmer**.

bathroom
> The house has three **bathrooms**.

der Eingang ['aɪngaŋ] n
> Bitte benutzen Sie den **Eingang** vorne.

entrance
> Please use the front **entrance**.

das Erdgeschoss ['eːɐtgəʃɔs] n
> Wir wohnen im **Erdgeschoss**.

ground floor
> We live on the **ground floor**.

der erste Stock ['eːɐstəʃtɔk] phrase
> Ich möchte nicht im **ersten Stock** wohnen.

first floor
> I don't want to live on the **first floor**.

das Fenster ['fɛnstɐ] n
> Mache bitte das **Fenster** zu. Es wird kalt hier drin.

window
> Please, close the **window**. It's getting cold in here.

die Garage [gaˈraːʒə] *n*
> Sonntags lassen wir normalerweise unser Auto in der **Garage**.

garage
> On Sundays we normally leave our car in the **garage**.

der Garten [ˈɡartən] *n*
> Meine Freunde haben einen wunderschönen **Garten**.

garden
> My friends have a beautiful **garden**.

das Haus [haus] *n*
> Ich habe ein schönes **Haus**.

> Mein **Haus** ist auf der anderen Seite des Hügels.

home, house
> I have got a beautiful **home**.

> My **house** is on the other side of the hill.

TIPP Words for different types of house include **Reihenhaus** terraced house, **Hochhaus** high rise (or **Wolkenkratzer** skyscraper) and **Einfamilienhaus** single-family house.

die Küche [ˈkʏçə] *n*
> Sie ging in die **Küche**, um etwas zu trinken zu holen.

kitchen
> She went into the **kitchen** to get something to drink.

nach Hause [naːxˈhauzə] *phrase*
> Ich brachte die Kinder um halb acht **nach Hause**.

home
> I took the children **home** at half past seven.

der Raum [raum] *n*
> Jakob sah sich im **Raum** um.

room
> Jakob looked around the **room**.

das Schlafzimmer [ˈʃlaːftsɪmɐ] *n*
> Dieses Haus hat vier **Schlafzimmer**.

bedroom
> This house has four **bedrooms**.

das Stockwerk ['ʃtɔkvɛrk] *n*
❭ Wir haben Zimmer auf verschiedenen **Stockwerken**.

floor
❭ We have rooms on different **floors**.

---

die Toilette [toaˈlɛtə] *n*
❭ Wo sind die **Toiletten**?

toilet
❭ Where are the **toilets**?

---

die Tür [tyːr] *n*
❭ Die **Tür** ist geschlossen.

door
❭ The **door** is closed.

---

die Wohnung ['voːnʊŋ] *n*
❭ Ist das Ihre **Wohnung**?

flat
❭ Is that your **flat**?

---

das Wohnzimmer ['voːntsɪmɐ] *n*
❭ Die Kinder sind im **Wohnzimmer**.

living room
❭ The children are in the **living room**.

---

das Zimmer ['tsɪmɐ] *n*
❭ Ich hätte gern ein **Zimmer** mit Dusche.

room
❭ I'd like a **room** with a shower.

---

zu Hause [tsuˈhauzə] *phrase*
❭ Ich denke, ich bleibe heute Abend **zu Hause**.

at home
❭ I think I'll stay **at home** tonight.

Homes, furniture and furnishings

sich aufhalten [zɪç|aufhaltn̩] *v/ref*
❭ Hält sie **sich** bei Freunden **auf**?

to stay
❭ **Is** she **staying** with friends?

der Aufzug ['auftsuːk] *n*

lift

❯ Tut mir leid, der **Aufzug** ist defekt.

❯ Sorry, the **lift** is out of order.

TIPP Other German words for **lift** are **der Fahrstuhl** and **der Lift.**

bequem [bə'kveːm] *adj*

comfortable

❯ Dieser Stuhl ist nicht sehr **bequem**.

❯ This chair is not very **comfortable**.

das Bett [bɛt] *n*

bed

❯ Die Kinder gehen um halb neun zu **Bett**.

❯ The children go to **bed** at eight-thirty.

die Heizung ['haɪtsʊŋ] *n*

heating

❯ Das Haus hatte keine **Heizung**.

❯ The house had no **heating**.

das Holz [hɔlts] *n*

wood

❯ Er hatte kein **Holz**, um ein Feuer zu machen.

❯ He didn't have any **wood** to make a fire.

das Licht [lɪçt] *n*

light

❯ Mach bitte das **Licht** an.

❯ Please turn on the **light**.

mieten ['miːtən] *v*

to rent

❯ Du kannst ein Auto bei der Werkstatt am Ende der Straße **mieten**.

❯ You can **rent** a car at the garage at the top of the street.

der Stuhl [ʃtuːl] *n*

chair

❯ Die **Stühle** sind sehr bequem.

❯ The **chairs** are very comfortable.

die Treppe ['trɛpə] *n*
> Er ging die **Treppe** herunter, um die Tür zu öffnen.

stairs
> He went down the **stairs** to open the door.

weich [vaiç] *adj*
> Das Bett war zu **weich**. Ich konnte nicht gut schlafen.

soft
> The bed was too **soft**, I couldn't sleep very well.

wohnen ['voːnən] *v*
> Er **wohnt** bei Freunden.

to stay
> He **is staying** with friends.

Everyday objects and devices

benutzen [bə'nʊtsən] *v*
> Darf ich dein Wörterbuch **benutzen**?

to use
> Can I **use** your dictionary?

das Ding [dɪŋ] *n*
> Er hat eine Menge **Dinge** gekauft, die wir nicht brauchen.

thing
> He bought a lot of **things** we don't need.

elektrisch [e'lɛktrɪʃ] *adj*
> Ich habe mir eine **elektrische** Zahnbürste gekauft.

electric
> I've bought an **electric** toothbrush.

die Elektrizität [elɛktritsi'tɛːt] *n*
> Plötzlich kam der **Strom** zurück.

electricity
> Suddenly the **electricity** came back.

das Handtuch ['hanttuːx] *n*
> Ich musste an der Rezeption nach sauberen **Handtüchern** fragen.

towel
> I had to ask reception to bring clean **towels**.

der Kühlschrank ['kyːlʃraŋk] *n*
> Wir brauchen einen neuen **Kühlschrank**.

fridge
> We need a new **fridge**.

die Lampe ['lampə] *n*
> Sie hat eine neue **Lampe** fürs Wohnzimmer gekauft.

lamp
> She bought a new **lamp** for the living room.

die Maschine [maˈʃiːnə] *n*
> Diese Wasch**maschine** braucht viel Strom.

machine
> This washing **machine** uses a lot of electricity.

das Metall [meˈtal] *n*
> Nein, es ist kein Plastik, es ist **Metall**.

metal
> No, it's not plastic, it's **metal**.

neu [nɔy] *adj*
> Ich möchte ein **neues** Haus kaufen.

new
> I want to buy a **new** house.

reparieren [repaˈriːrən] *v*
> Können Sie das bitte für mich **reparieren**?

to repair
> Can you **repair** this for me, please?

der Schlüssel ['ʃlʏsəl] *n*
> Wo ist der **Schlüssel**?

key
> Where is the **key**?

der Strom [ʃtroːm] *n*
> Der **Strom** ist mittlerweile sehr teuer geworden.

electricity
> Meanwhile, **electricity** has become very expensive.

das Zeug [tsɔyk] *n*
> Sie haben alte Stühle und Tische und so **Zeug**.

stuff
> They have old chairs and tables and that kind of **stuff**.

Qualities and colours

gut [guːt] *adj*
> Sie ist eine sehr **gute** Tennisspielerin.

good
> She's a very **good** tennis player.

besser [ˈbɛsər] *adj comp*
> Es ist **besser**, die Bücher heute wegzuräumen.
> Sie ist eine **bessere** Tennisspielerin als ich.

better
> It's **better** to put the books away today.
> She is a **better** tennis player than me.

am besten [amˈbɛstn̩] *adj superlat*
> Es ist **am besten**, die Fahrkarten gleich zu kaufen.

best
> It's **best** to buy the tickets straight away.

beste(r, -s) [bɛstə] *adj*
> Miriam ist die **beste** Schülerin in meiner Klasse.

best
> Miriam is the **best** student in my class.

> **TIPP** Other examples of adjectives with irregular comparative and superlative forms in German are **viel — mehr — am meisten** much — more — most or **hoch — höher — am höchsten** high — higher — highest or **gern — lieber — am liebsten**, which is used to express liking and preferences.

blau [blau] *adj*
> Ihre Augen sind sehr **blau**.

blue
> Her eyes are very **blue**.

böse ['bøːzə] *adj*
> Er ist kein **böser** Mensch!

bad
> He isn't a **bad** person!

braun [braun] *adj*
> Sie hat einen **braunen** Mantel.

brown
> She's got a **brown** coat.

brav [braːf] *adj*
> Ich hoffe, die Kinder sind **brav**, wenn sie dich besuchen.

good
> I hope the children will be **good** when they visit you.

die Farbe ['farbə] *n*
> Das ist eine sehr schöne **Farbe**.

colour
> That's a very nice **colour**.

gelb [gɛlp] *adj*
> Dieser Apfel ist fast **gelb**.

yellow
> This apple is almost **yellow**.

grün [gryːn] *adj*
> Ich nehme den **grünen** Apfel.

green
> I'll have the **green** apple.

klein [klain] *adj*
> Es ist ein **kleines** Dorf mit sechshundert Einwohnern.

little
> It's a **little** village with six hundred people.

rot [roːt] *adj*
> Die Ampel schaltete auf **Rot**.

red
> The traffic light changed to **red**.

schlecht [ʃlɛçt] *adj*
> Das Hotel war gut, aber das Essen war **schlecht**.

bad
> The hotel was good but the food was **bad**.

schlechter [ʃlɛçtɐ] *adj comp*
> Ich spiele noch viel **schlechter** Tennis als du.

worse
> I'm even **worse** at tennis than you.

schlechteste(r, -s) [ʃlɛçtəstə] *adj superlat*
> Das ist der **schlechteste** Kuchen, den ich je gegessen habe.

worst
> That's the **worst** cake I've ever eaten.

---

schlimm [ʃlɪm] *adj*
> Ich habe eine **schlimme** Erkältung.

bad
> I've got a **bad** cold.

schlimmer [ʃlɪmɐ] *adj comp*
> Es ist **schlimmer**, als ich dachte.

worse
> It's **worse** than I thought.

am schlimmsten [am'ʃlɪmstən] *adj superlat*
> **Am schlimmsten** war es mit den Moskitos am Samstag.

worst
> The mosquitos were at their **worst** on Saturday.

schlimmste(r, -s) ['ʃlɪmstə] *adj*
> Das ist das **schlimmste**, das ich je gehört habe.

worst
> That's the **worst** thing I've ever heard.

---

schwarz [ʃvarts] *adj*
> Sie hat drei **schwarze** Kleider.

black
> She's got three **black** dresses.

---

weiß [vais] *adj*
> Ich hätte gern ein Glas **Weiß**wein, bitte.

white
> I'd like a glass of **white** wine, please.

School and education

der Bleistift ['blaɪʃtɪft] *n*
> Willst du einen Kugelschreiber oder einen **Bleistift**?

pencil
> Do you want a pen or a **pencil**?

buchstabieren
[buːxʃtaˈbiːrən] *v*
> Wie **buchstabiert** man diesen Namen?

to spell
> How **do** you **spell** this name?

einfach ['aɪnfax] *adj*
> Es ist sehr **einfach**.

easy
> It's very **easy**.

erklären [ɛɐˈklɛːrən] *v*
> Können Sie mir es **erklären**?

to explain
> Can you **explain** it to me?

der Fehler ['feːlər] *n*
> Ich mache immer noch viele **Fehler**.

mistake
> I still make a lot of **mistakes**.

die Klasse ['klasə] *n*
> Die **Klasse** hat zwanzig Schüler.

class
> The **class** has twenty pupils.

der Kugelschreiber
['kuːgəlʃraɪbə] *n*
> Kannst du mir deinen **Kugelschreiber** leihen?

pen
> Can you lend me your **pen**?

TIPP Alternative German words for **pen** are **der Stift** and **der Füller**.

---

der Kurs [kʊrs] *n*
> Ich bin in einem Französisch**kurs**.

course
> I am in a French **course**.

---

der Lehrer ['leːrɐ] *n m*,
die Lehrerin ['leːrərɪn] *n f*
> Was hältst du von unserer neuen **Lehrerin**?

teacher

> What do you think of our new **teacher**?

---

leicht [laɪçt] *adj*
> Es ist nicht **leicht**.

easy
> It isn't **easy**.

---

lernen ['lɛrnən] *v*
> Wie viele Sprachen hast du in der Schule **gelernt**?

to learn
> How many languages **did** you **learn** at school?

---

nehmen ['neːmən] *v*
> Welchen Kurs **nimmst** du?

to take
> Which course **are** you **taking**?

---

die Prüfung ['pryːfʊŋ] *n*
> Die **Prüfung** war nicht sehr schwer.

exam, test
> The **exam** was not very difficult.

TIPP You can also say **der Test** in German to mean a **test**.

---

die Schule ['ʃuːlə] *n*
> Jeden Morgen gehe ich um Viertel vor acht zur **Schule**.

school
> I go to **school** every morning at a quarter to eight.

---

der Schüler [ˈʃyːlɐ] *n m*,
die Schülerin [ˈʃyːlərɪn] *n f*

> In vielen Ländern müssen **Schüler** und **Schülerinnen** eine Schuluniform tragen.

schoolboy, schoolgirl

> In many countries **schoolboys** and **schoolgirls** have to wear a school uniform.

---

schwierig [ˈʃviːrɪç] *adj*

> Zunächst war es nicht **schwierig**.

difficult

> It wasn't **difficult** at first.

TIPP Along with **schwierig**, you can also use the adjective **schwer** to translate **difficult**. **Schwer** also means **heavy** in German.

der Student [ʃtuˈdɛnt] *n m*,
die Studentin [ʃtuˈdɛntɪn] *n f*

> Die **Studentinnen** machen gerade eine Pause vor der Universität.

student

> The **students** are having a break in front of the university.

TIPP

Student and **Studentin** are only used in German to refer to a person who is matriculated at a university or college. Young people attending school are referred to as **Schüler** and **Schülerinnen**.

der Stundenplan [ˈʃtundɛnplan] *n*

> Ist das dein **Stundenplan**?

timetable

> Is this your **timetable**?

übersetzen [yːbeˈzɛtsən] *v*

> Könntest du bitte diesen Brief für mich **übersetzen**?

to translate

> Could you **translate** this letter for me, please?

die Universität [univɛrzi'tɛːt] *n*

> Sie will nächstes Jahr zur Universität gehen.

university

> She wants to go to **university** next year.

TIPP As well as public and private universities (shortened to **Uni**), you can also study at a **(Fach)Hochschule** in Germany, which is a college offering university level courses.

---

verstehen [fɛɐ'steːən] *v*

> Verzeihung, ich **verstehe** das nicht.

to understand

> Pardon, I **don't understand**.

das Wörterbuch ['vœrtərbuːx] *n*

> Ich habe das **Wörterbuch** nicht gefunden.

dictionary

> I didn't find the **dictionary**.

Languages

Deutsch [dɔʏtʃ] *n*

> Sprichst du **Deutsch**?

German

> Do you speak **German**?

Französisch [fʀanˈtsøːzɪʃ] *n*

> Sprechen Sie **Französisch**?

French

> Do you speak **French**?

Italienisch [italjeːnɪʃ] *n*

> Sprichst du **Italienisch**?

Italian

> Do you speak **Italian**?

Spanisch ['ʃpaːnɪʃ] *n*

> Sprichst du **Spanisch**?

Spanish

> Do you speak **Spanish**?

Englisch ['ɛŋlɪʃ] *n*

> Sprichst du **Englisch**?

English

> Do you speak **English**?

Work

anfangen ['anfaŋən] v
〉 Um wie viel Uhr **fängst** du morgens mit der Arbeit **an**?

to start
〉 What time do you **start** work in the morning?

---

die Arbeit ['arbait] n
〉 Gefällt dir deine **Arbeit**?

job, work
〉 Do you like your **job**?

---

arbeiten ['arbaitən] v
〉 Sie **arbeitet** als Lehrerin.

to work
〉 She **works** as a teacher.

---

beginnen [bə'gınən] v
〉 Ich **beginne** um neun Uhr zu arbeiten.

to start
〉 I **start** work at nine o'clock.

---

das Büro [by'ro:] n
〉 Ich bin im Moment nicht im **Büro**. Bitte rufen Sie später noch einmal an.

office
〉 I'm not at the **office** at the moment. Please call later.

---

der Chef [ʃɛf] n m,
die Chefin [ʃɛfin] n f
〉 Wie ist deine neue **Chefin**?

boss
〉 What's your new **boss** like?

---

der Computer [kɔm'pju:tər] n
〉 Ich arbeite viel am **Computer**.

computer
〉 I do a lot of work on the **computer**.

---

dringend ['drıŋənt] adj
〉 Da ist ein **dringender** Anruf für Herrn Fischer.

urgent
〉 There's an **urgent** call for Mr Fischer.

---

die Firma ['fırma] n
〉 Ich arbeite für eine kleine **Firma**.

firm
〉 I work for a small **firm**.

der Geschäftsführer
[gə'ʃɛftsfyʀɐ] *n m*,
die Geschäftsführerin
[gə'ʃɛftsfyʀəkɪn] *n f*

❯ Sie ist die
Geschäftsführerin einer
kleinen Firma.

manager

❯ She's the **manager** of a
small firm.

---

der Job [dʒɔp] *n*
❯ Ich denke, er hat den
richtigen **Job** gefunden.

job
❯ I think he has found the
right **job**.

TIPP The same distinction is made in German between **Job** and
Arbeit as between **job** and **work** in English.

der Rechtsanwalt
['ʀɛçts|anvalt] *n m*,
die Rechtsanwältin
['ʀɛçts|anvɛltɪn] *n f*

❯ Wir kennen einen guten
Rechtsanwalt.

lawyer

❯ We know a good **lawyer**.

---

die Versicherung [fɛɐ'zɪ̯ərʊŋ] *n*
❯ Wie viel musst du für die
Versicherung bezahlen?

insurance
❯ How much do you have to
pay for the **insurance**?

---

zur Arbeit gehen
[tsu:ɐ'arbaɪt'ge:ən] *phrase*
❯ Um wie viel Uhr **gehst** du
morgens **zur Arbeit**?

to go to work

❯ What time **do** you **go to
work** in the morning?

Celebrations and holidays

die Einladung ['aɪnla:dʊŋ] *n*
❯ Danke für die **Einladung** zu
Ihrer Party.

invitation
❯ Thank you for the
invitation to your party.

der Feiertag ['faɪetaːk] *n*
> Der 3. Oktober ist in Deutschland ein gesetzlicher **Feiertag**.

bank holiday
> October 3rd is a **bank holiday** in Germany.

Frohe Weihnachten! ['froːə'vaɪnaxtən] *phrase*
> **Frohe Weihnachten** euch allen!

Merry Christmas!
> **Merry Christmas** to all of you!

TIPP Just as you can also say **Happy Christmas!** in English, in German you can also wish somebody **Fröhliche Weihnachten!**

der Geburtstag [gə'buːetstaːk] *n*
> Wann ist dein **Geburtstag**?

birthday
> When is your **birthday**?

das Geschenk [gə'ʃɛŋk] *n*
> Wie viele **Geschenke** hast du von deinen Eltern bekommen?

present
> How many **presents** did you get from your parents?

Heiligabend [haɪlɪç|aːbənt] *n*
> An **Heiligabend** essen wir oft Würstchen mit Kartoffelsalat.

Christmas Eve
> We often eat sausages and potato salad on **Christmas Eve**.

Neujahr ['nɔɪjaːe] *n*
> **Neujahr** ist immer am ersten Januar.

New Year's Day
> **New Year's Day** is always on January the first.

Ostern ['oːstɐn] *n*
> In Deutschland isst man an **Ostern** viele Eier.

Easter
> In Germany, people eat a lot of eggs at **Easter**.

die Party ['paːrti] *n*
> Wir könnten am Samstag eine **Party** organisieren.

party
> We could organize a **party** on Saturday.

Silvester [zɪl'vɛstər] *n*
> **Silvester** ist der letzte Tag des Jahres.

New Year's Eve
> **New Year's Eve** is the last day of the year.

Weihnachten ['vainaxtən] *n*
> Fährst du über **Weihnachten** nach Hause?

Christmas
> Are you going home for **Christmas**?

der erste Weihnachtstag [eːrste'vainaxts'taːk] *phrase*
> Am **ersten Weihnachtstag** standen die Kinder schon um sechs Uhr auf.

Christmas Day
> On **Christmas Day** the children already got up at six o'clock.

Hobbies and interests

die Art [aːrt] *n*
> Welche **Art** von Musik hört sie gern?

kind
> What **kind** of music does she like?

die Bar [baːe] *n*
> In dieser **Bar** kosten die Getränke wirklich viel, findest du nicht?

pub, bar
> The drinks in this **pub** are really expensive, don't you think?

TIPP The English word **pub** is used in Germany but only when referring to an **Irish Pub**.

das Buch [buːx] *n*
> Wie viele **Bücher** hast du in Stuttgart gekauft?

book
> How many **books** did you buy in Stuttgart?

das Foto ['foːto] *n*

❯ Ich habe eine Kamera, wir können also viele **Fotos** machen.

photograph

❯ I've got a camera, so we can take a lot of **photographs**.

die Geschichte [gə'ʃɪçtə] *n*

❯ Er erzählte uns die **Geschichte** von seinem jüngeren Bruder.

story

❯ He told us the **story** about his younger brother.

das Hobby ['hɔbi] *n*

❯ Martin hat viele interessante **Hobbys**.

hobby

❯ Martin has got a lot of interesting **hobbies**.

hören ['høːrən] *v*

❯ **Hörst** du immer noch österreichische Musik?

to listen

❯ **Do** you still **listen** to Austrian music?

TIPP In German you use the verb **zuhören** (+ Dative) to mean **to listen** in the sense of paying close attention to what a person is saying. **Hören** is also used in the sense of **to hear** a random noise.

die Kamera ['kamera] *n*

❯ Alles klar. Wir dürfen die **Kamera** mitnehmen.

camera

❯ It's okay. We can take the **camera** with us.

das Konzert [kɔn'tsɛrt] *n*

❯ Gehen Sie am Sonntag zum **Konzert**?

concert

❯ Are you going to the **concert** on Sunday?

die Kunst [kʊnst] *n*

❯ Ich mag moderne **Kunst** nicht besonders.

art

❯ I don't like modern **art** very much.

lesen ['le:zən] *v*
> Hast du schon mal „Die Leiden des jungen Werther" **gelesen**?

to read
> Have you ever **read** "The Sorrows of Young Werther"?

---

die Musik [mu'zi:k] *n*
> Welche **Musik** mag sie?

music
> What kind of **music** does she like?

---

der Roman [ro'ma:n] *n*
> Hast du den neuesten **Roman** von Martin Walser gelesen?

novel
> Have you read the latest **novel** by Martin Walser?

---

die Seite ['zaitə] *n*
> Das Buch hat dreihundertvierundsechzig **Seiten**.

page
> The book has three hundred and sixty-four **pages**.

Leisure time and sport

der Ball [bal] *n*
> Sie hat einen **Ball** für ihre Kinder zum Spielen gekauft.

ball
> She bought a **ball** for her children to play with.

---

das Boot [bo:t] *n*
> Es waren viele **Boote** auf dem See.

boat
> There were a lot of **boats** on the lake.

---

die Eintrittskarte ['aintritskartə] *n*
> Ich werde vier **Eintrittskarten** fürs Kino bestellen. Ist das OK?

ticket
> I'm going to book four cinema **tickets**. Is that okay?

der Film [fɪlm] *n*
> Das ist ein toller **Film**!

film
> This is a great **film**!

der Fußball ['fuːsbal] *n*
> Wo ist der **Fußball**?

football
> Where's the **football**?

das Golf [gɔlf] *n*
> Wir spielen mindestens zwei Mal in der Woche **Golf**.

golf
> We play **golf** at least twice a week.

das Kino ['kiːno] *n*
> Willst du mit mir ins **Kino** gehen?

cinema
> Do you want to go to the **cinema** with me?

der Pub [pab] *n*
> Können wir uns gegen acht im **Pub** treffen?

pub
> Can we meet in the **pub** around eight?

TIPP People in German-speaking countries often meet up in a **Bar** or a **Kneipe**, which are equivalent to an English **pub**. Other options are to meet in a **Wirtshaus** or a **Schenke**, which are pubs offering accommodation, a bit like an English **inn**. Another expression **Lokal** is very neutral and may refer to both types.

reservieren [rezɛr'viːrən] *v*
> Ich habe einen Tisch für zwanzig Uhr **reserviert**.

to book
> I've **booked** a table for eight o'clock.

schwimmen gehen ['ʃvɪmən'geːən] *phrase*
> Willst du heute Nachmittag **schwimmen gehen**?

to go swimming
> Do you want to **go swimming** this afternoon?

der Spaß [ʃpaːs] *n*
> Wir hatten viel **Spaß** auf der Party.

fun
> We had a lot of **fun** at the party.

einen Spaziergang machen
['aɪnənʃpa'tsiːeɡaŋ'maxn̩] *phrase*
> Nach dem Essen **machten** wir **einen Spaziergang**.

to go for a walk
> After dinner we **went for a walk**.

der Sport [ʃpɔrt] *n*
> Treibst du viel **Sport**?

sport
> Do you do much **sport**?

Tennis ['tɛnɪs] *n*
> Neben Fußball spiele ich auch sehr gerne **Tennis**.

tennis
> As well as football, I also love playing **tennis**.

wandern gehen
['vandən'ɡeːən] *phrase*
> In Südtirol kann man gut **wandern gehen**.

to go hiking
> South Tyrol is a great place **to go hiking**.

zelten gehen ['tsɛltən'ɡeːən]
phrase
> Wir **gehen** in den Ferien immer **zelten**.

to go camping
> We always **go camping** on holiday.

Holidays and travel

ankommen ['ankɔmən] *v*
> Wann **kommen** wir in Leipzig **an**?

to arrive
> When do we **arrive** in Leipzig?

auschecken ['aʊstʃɛkən] *v*
> Sie müssen bis zehn Uhr **auschecken**.

to check out
> You have to **check out** by ten o'clock.

bleiben ['blaɪbən] *v*
> Die Fähre musste im Hafen **bleiben**.

to stay
> The ferry had **to stay** in port.

buchen ['buːxən] *v*
> Gestern habe ich einen Flug nach Honolulu **gebucht**.

to book
> I **booked** a flight to Honolulu yesterday.

die Dusche ['duʃə] *n*
> Kann ich bitte ein Zimmer mit **Dusche** haben?

shower
> Can I have a room with a **shower**, please?

einchecken ['aɪntʃɛkən] *v*
> Ich muss um halb fünf am Flughafen **einchecken**.

to check in
> I must **check in** at the airport at half past four.

der Gast [gast] *n*
> Unsere **Gäste** erhalten das beste Zimmer.

guest
> Our **guests** get the best room.

das Gepäck [gə'pɛk] *n*
> Unser **Gepäck** ist zu schwer.

luggage
> Our **luggage** is too heavy.

die Gruppe ['grupə] *n*
> Die **Gruppe** Kinder kam mit dem Achtuhrzug an.

group
> The **group** of children arrived on the eight o'clock train.

das Hotel [ho'tɛl] *n*
> Unser **Hotel** lag etwa fünf Kilometer außerhalb der Stadt.

hotel
> Our **hotel** was about five kilometres out of town.

die Information [ɪnfɔrmatsi'oːn] *n*
> Haben Sie irgendwelche **Informationen** über die Stadt?

information
> Have you got any **information** about the town?

TIPP This word is used in both its plural and singular forms in German. **Diese Information ist für uns sehr wichtig!** This information is very important to us. Or: **Ich hätte gerne nähere Informationen zu diesem Thema!** I'd like some more information on this subject.

---

der Koffer ['kɔfər] *n*

> Kannst du meinen **Koffer** tragen?

case

> Can you carry my **case**?

---

die Reise ['raizə] *n*

> Gute **Reise**! Und schönen Urlaub an der Nordsee!

trip

> Have a good **trip**! And have a nice holiday by the North Sea!

---

der Reiseführer ['raizəfy:rə] *n*

> Ich habe einen **Reiseführer** für zwei Euro gekauft.

guide book

> I bought a **guide book** for two euros.

---

der Reiseleiter
[raizə'laitə] *n m*,
die Reiseleiterin
[raizə'laitərin] *n f*

> Man darf dieses Gebäude nicht ohne **Reiseleiter** besichtigen.

guide

> You can't look round this building without a **guide**.

---

der Reisepass ['raizəpas] *n*

> Ich brauche einen neuen **Reisepass**.

passport

> I need a new **passport**.

---

die Rezeption [retsɛptsi'o:n] *n*

> Da ist ein Brief für Sie an der **Rezeption**.

reception

> There's a letter for you at **reception**.

schwer [ʃveːr] *adj*
> Dein Koffer ist sehr **schwer**.

heavy
> Your suitcase is very **heavy**.

der Stadtplan [ˈʃtatplaːn] *n*
> Um dich in Berlin zurechtzufinden, brauchst du einen **Stadtplan**.

map
> You need a **map** to find your way around in Berlin.

der Tourist [tuˈʀɪst] *n m*, **die Touristin** [tuˈʀɪstɪn] *n f*
> Viele **Touristen** besuchen jedes Jahr München.

tourist

> Lots of **tourists** come to Munich every year.

tragen [ˈtraːɡən] *v*
> Müssen wir unser Gepäck **tragen**?

to carry
> Do we have to **carry** our luggage?

der Urlaub [ˈuːrlaup] *n*
> Letzten August war ich im **Urlaub**.

holiday
> Last August I was on **holiday**.

zurückbekommen [tsuˈʀʏkbəkɔmən] *v*
> Gestern hat sie ihr Buch **zurückbekommmen**.

to get back

> She **got** her book **back** yesterday.

zurückkommen [tsuˈʀʏkjɔmən] *v*
> Wann bist du **zurückgekommen**?

to get back

> When did you **get back**?

zusammen [tsuˈzamən] *adv*
> Wir sind **zusammen** in Urlaub gefahren.

together
> We went on holiday **together**.

Shopping

abstellen ['apʃtɛlən] *v*
> Warum **stellst** du diese schweren Tüten nicht für einen Moment **ab**?

to put ... down
> Why don't you **put** these heavy bags **down** for a moment?

---

aussuchen ['aʊsˈzʊxn̩] *v*
> Er wollte sich ein neues Hemd **aussuchen**.

to choose
> He wanted to **choose** a new shirt.

---

auswählen ['aʊsvɛːlən] *v*
> Ich weiß nicht. **Wähle** du **aus**!

to choose
> I don't know. You **choose**!

TIPP Wählen on its own can mean both **to choose** and **to elect**.

---

die Einkaufstasche ['aɪnkaʊfstaʃə] *n*
> Ich habe alle Tomaten in die **Einkaufstasche** gelegt.

shopping bag
> I put all the tomatoes in the **shopping bag**.

---

finden ['fɪndən] *v*
> Wo kann ich einen Supermarkt **finden**?

to find
> Where can I **find** a supermarket?

---

geöffnet [gəˈœfnət] *adj*
> Sonntags sind einige der großen Geschäfte **geöffnet**.

open
> Some of the big shops are **open** on Sundays.

geschlossen [gə'ʃlɔsən] *adj*
› Die meisten der kleinen Geschäfte sind am Sonntag **geschlossen**.

closed
› Most of the small shops are **closed** on Sundays.

die Größe ['grø:sə] *n*
› Welche **Größe** haben Sie?

size
› What **size** do you take?

herausfinden [hɛ'ʀaʊsfɪndn̩] *v*
› Die Polizei möchte alles **herausfinden**.

to find out
› The police want to **find out** everything.

kaufen ['kaʊfən] *v*
› Wo hast du dieses Hemd **gekauft**?

to buy
› Where **did** you **buy** that shirt?

das Geschäft [gə'ʃɛft] *n*
› Ich habe dieses Hemd in einem kleinen **Geschäft** in der Stadt bekommen.

shop
› I got this shirt at a little **shop** in the city.

der Markt [markt] *n*
› Es gibt einen kleinen **Markt**, wo man Gemüse kaufen kann.

market
› There's a little **market** where you can buy vegetables.

der Supermarkt ['zu:pemarkt] *n*
› Ich habe den Rotwein in einem **Supermarkt** gekauft.

supermarket
› I bought the red wine at a **supermarket**.

TIPP You go to the **Supermarkt** to buy food. You can also go shopping in Germany in **Einkaufszentren shopping centres**, **Geschäften shops** or **Boutiquen boutiques**.

die Tasche ['taʃə] n

> Hol bitte die **Taschen**! Sie sind im Auto.

bag

> Please get the **bags**. They're in the car.

> **TIPP** In the supermarket you can often get a **Tüte** made out of plastic or paper to put your shopping in. If you're using a cloth bag, you can also call it a **Beutel**.

verkaufen [fɛɐ̯'kaʊfən] v

> Ich habe mein altes Fahrrad im Internet **verkauft**.

to sell

> I **sold** my old bicycle on the Internet.

zumachen ['tsuːmaxən] v

> **Mach** doch bitte die Tür **zu**! Es zieht!

to close

> Could you please **close** the door! There's a draught!

Prices and payment

das Bargeld ['baːrɡɛlt] n

> Ich habe kein **Bargeld** dabei

cash

> I don't have any **cash** on me.

> **TIPP** However, you have to say: **Kann ich** *in bar* **bezahlen? Can I pay** *in cash*? or **Kann ich** *mit Karte* **(EC-Karte oder Kreditkarte) bezahlen? Can I pay** *by card*?

billig ['bɪlɪç] adj

> Das Hotel ist **billig**.

cheap

> The hotel is **cheap**.

der Cent [(t)sɛnt] n

> Es kostete drei Euro und zehn **Cent**.

cent

> It cost three euros and ten **cents**.

der Euro ['ɔɪʀo] *n*

euro

〉 Das Buch kostet zehn **Euro**.
〉 The book costs ten **euros**.

TIPP When talking about prices in German, only the singular form is used: **1 Euro, 50 Euro, 100 Euro.**

---

das Geld [gɛlt] *n*

money

〉 Hast du **Geld** bei dir?
〉 Have you got any **money** on you?

---

der Geldschein ['gɛltʃaɪn] *n*

note

〉 Ich habe nur **Geldscheine** dabei.
〉 I've only got **notes** on me.

---

das Kleingeld ['klaɪngɛlt] *n*

change

〉 Brauchst du **Kleingeld** fürs Telefon?
〉 Do you need **change** for the phone?

---

die Kreditkarte [kre'diːtkartə] *n*

credit card

〉 Könnten Sie mir die Nummer Ihrer **Kreditkarte** mitteilen?
〉 Could you give me your **credit card** number?

---

leihen ['laɪən] *v*

to lend

〉 Kannst du mir etwas Geld **leihen**?
〉 Can you **lend** me some money?

---

der Preis [praɪs] *n*

price

〉 Wie hoch ist der **Preis**?
〉 What's the **price**?

---

die Quittung ['kvɪtʊŋ] *n*

receipt

〉 Könnte ich bitte eine **Quittung** haben?
〉 Could I have a **receipt**, please?

---

die Scheckkarte ['ʃɛkkartə] *n*

cheque card

〉 Kann ich mit **Scheckkarte** bezahlen?
〉 Can I pay by **cheque card**?

die Steuer [ˈʃtɔɪɐ] *n*
》 Sind die **Steuern** in Ihrem Land hoch?

tax
》 Are **taxes** high in your country?

---

teuer [ˈtɔyɐ] *adj*
》 Das neue Auto war **teuer**.

expensive
》 The new car was **expensive**.

---

das Wechselgeld [ˈvɛksəlgɛlt] *n*
》 Hier sind Ihre Quittung und das **Wechselgeld**.

change
》 Here's your receipt and **change**.

Buildings and places of interest

die Besichtigung [bəˈzɪçtɪgʊŋ] *n*
》 Nach der **Besichtigung** des Schlosses waren wir sehr erschöpft.

(sightseeing) tour
》 We were really exhausted after the **tour** of the castle.

---

besuchen [bəˈzuːxən] *v*
》 Letzten Monat sind wir nach Vorarlberg gefahren, um seine Eltern zu **besuchen**.

to visit
》 Last month we went to Vorarlberg to **visit** his parents.

---

die Ecke [ˈɛkə] *n*
》 Die neue Bar ist gleich um die **Ecke**.

corner
》 The new pub is just around the **corner**.

---

das Gebäude [gəˈbɔydə] *n*
》 In diesem **Gebäude** gibt es Büros für verschiedene Firmen.

building
》 There are offices for different companies in this **building**.

der Hafen ['haːfən] *n* — **port**
› Ich möchte nicht in der Nähe des **Hafens** wohnen. — › I don't want to live near the **port**.

die Kirche ['kɪrçə] *n* — **church**
› Gehst du Sonntagmorgen in die **Kirche**? — › Do you go to **church** on Sunday morning?

der Ort [ɔrt] *n* — **place**
› Wie kommt man zu diesem **Ort**? — › How do you get to this **place**?

der Park [park] *n* — **park**
› Berlin hat viele schöne **Parks**. — › Berlin has a lot of nice **parks**.

die Rundfahrt [ʀʊntfaːɐt] *n* — **tour**
› Ich würde gerne eine **Rundfahrt** mit einem Bus machen. — › I'd like to do a bus **tour**.

die Stadt [ʃtat] *n* — **city, town**
› Paris ist eine wunderschöne **Stadt**, aber Hamburg ist auch schön. — › Paris is a beautiful **city**, but Hamburg is nice too.

TIPP Germans differentiate between a **Großstadt** (e.g. Berlin) and a **Kleinstadt** (with up to around 20,000 people). The rest of the population live in rural communities or **Dörfer villages.** Notice that you say you live **in der Stadt in the town/city** in German, but **auf dem Land in the countryside.** Different prepositions are also used in German to say **aus der Stadt kommen to come from the town/city** and **vom Land kommen to come from the countryside.**

die Stelle ['ʃtɛlə] *n* — **place**
› Das ist die **Stelle**, wo sie ihn fanden. — › This is the **place** where they found him.

das Theater [teˈaːtər] *n*
> Dieses **Theater** ist montags geschlossen.

theatre
> This **theatre** is closed on Mondays.

On the road and on foot

die Ampel [ˈampəl] *n*
> Warum hast du an der **Ampel** nicht gehalten?

traffic lights
> Why didn't you stop at the **traffic lights**?

das Auto [ˈauto] *n*
> Wie bist du hergekommen? Ich bin mit dem **Auto** gefahren.

car
> How did you get here? I came by **car**.

TIPP Another word for car is **der Wagen.**

die Autowerkstatt [ˈautoverkʃtat] *n*
> Wo kann ich hier in der Nähe eine **Autowerkstatt** finden?

garage
> Where can I find a **garage** near here?

das Benzin [bɛnˈtsiːn] *n*
> Wir haben nicht mehr genug **Benzin**, um nach Wien zu fahren.

petrol
> We don't have enough **petrol** left to go to Vienna.

fahren [ˈfaːrən] *v*
> Können wir laufen oder müssen wir **fahren**?
> Sie **fährt** mit dem Wagen zur Arbeit.

to drive, to go
> Can we walk or do we have to **drive**?
> She **goes** to work by car.

das Fahrrad ['faːeraːt] *n*
> Gestern habe ich mir ein neues **Fahrrad** gekauft.

bicycle
> I bought a new **bicycle** yesterday.

der Führerschein ['fyːreʃain] *n*
> Ich brauche einen Internationalen **Führerschein**.

driving licence
> I need an international **driving licence**.

gehen ['geːən] *v*
> Er muss zum Zahnarzt **gehen**.
> Lass uns ein wenig schneller **gehen**!

to go, to walk
> He must **go** to the dentist's.
> Let's **walk** a little faster!

kommen [kɔmən] *v*
> Wie **komme** ich zur Goethestraße?

to get, to come
> How **do** I **get** to Goethe-straße?

langsam ['laŋzaːm] *adj*
> Du bist sehr **langsam** heute.

slow
> You're very **slow** today.

das Öl [øːl] *n*
> Braucht dein Auto viel **Öl**?

oil
> Does your car use much **oil**?

der Parkplatz ['paʁkplats] *n*
> Das neue Kaufhaus in der Innenstadt hat einen großen **Parkplatz**.

car park
> The new department store in the centre of town has a big **car park**.

privat [pri'vaːt] *adj*
> Du kannst hier nicht parken, es ist ein **privater** Parkplatz!

private
> You can't park here, it's a **private** parking space!

der Reifen ['raɪfən] *n*
❭ Ich muss neue **Reifen** für meinen Wagen kaufen.

tyre
❭ I have to buy some new **tyres** for my car.

das Schild [ʃɪlt] *n*
❭ Hat sie das **Schild** nicht gesehen?

sign
❭ Didn't she see the **sign**?

schnell [ʃnɛl] *adj*
❭ Sie hat ein **schnelles** Auto.

fast
❭ She's got a **fast** car.

die Straße ['ʃtraːsə] *n*
❭ Ist das die **Straße** nach Ulm?
❭ Entschuldigen Sie, ist das die Hohenzollern**straße**?

road, street
❭ Is this the **road** to Ulm?
❭ Excuse me, is this Hohenzollern **Street**?

das Taxi ['taksi] *n*
❭ Wir mussten ein **Taxi** nehmen. Es gab keinen Bus zu unserem Hotel.

taxi
❭ We had to take a **taxi**. There was no bus to our hotel.

der Weg [veːk] *n*
❭ Könnten Sie uns bitte den **Weg** zum Bahnhof zeigen?

way, path
❭ Could you tell us the **way** to the station, please?

Air, rail and local transport

der Abflug ['apfluːk] *n*
❭ Hier finden Sie alle Informationen zu Ihrem **Abflug**.

departure
❭ Here you'll find all the information about your **departure**.

TIPP If you're leaving by train or by bus, however, the word for **departure** is **Abfahrt**.

aussteigen ['aʊsʃtaɪgən] *v*
> **Steigen** Sie am Bahnhof **aus**!

to get off
> **Get off** at the station.

der Bahnhof ['baːnhoːf] *n*
> Wie weit ist es zum **Bahnhof**?

station
> How far is it to the **station**?

TIPP **Bahnhof** is mostly shortened to **Bhf** and **Hauptbahnhof** **main station** to **Hbf**.

der Bahnsteig ['baːnʃtaɪk] *n*
> Der Zug nach Frankfurt kommt am **Bahnsteig** fünf an.

platform
> The train to Frankfurt arrives on **platform** five.

der Bus [bʊs] *n*
> Wir müssen den Wagen hier parken und den **Bus** nehmen.

bus
> We must park the car here and take the **bus**.

TIPP When talking about modes of transport, you need to use the preposition **mit** in German: **mit dem Bus fahren to go by bus**, **mit dem Auto fahren to go by car**.

die Bushaltestelle ['bʊshaltəʃtɛlə] *n*
> Ich wartete auf ihn an der **Bushaltestelle**.

bus stop
> I waited for him at the **bus stop**.

einsteigen ['aɪnʃtaɪgən] *v*
> Ich bin in Freiburg **eingestiegen**.

to get on
> I **got on** in Freiburg.

die Eisenbahn ['aɪzənbaːn] *n*
> Er arbeitet seit zwanzig Jahre lang bei der **Bahn**.

railway
> He has been working for the **railway** for twenty years.

die Fähre ['fɛːrə] *n*
> Wir nahmen die **Fähre** nach Sardinien.

ferry
> We took the **ferry** to Sardinia.

---

der Fahrplan ['faːrplaːn] *n*
> Hast du den **Fahrplan**?

timetable
> Have you got the **timetable**?

---

fliegen ['fliːgən] *v*
> Viele Vögel **fliegen** für den Winter in den Süden.

to fly
> A lot of birds **fly** south for the winter.

---

der Flug [fluːk] *n*
> Guten **Flug**!

flight
> Have a good **flight**!

---

der Flughafen ['fluːkhaːfən] *n*
> Sie wohnt sehr nah am **Flughafen**.

airport
> She lives very near the **airport**.

---

das Flugticket ['fluːktɪkət] *n*
> Das **Flugticket** nach New York kostet nur hundert Euro.

ticket
> The **ticket** to New York cost only one hundred euros.

---

das Flugzeug ['fluːktsɔʏk] *n*
> Um wie viel Uhr geht dein **Flugzeug** morgen?

plane
> What time is your **plane** tomorrow?

---

die Klasse ['klasə] *n*
> Ein Ticket erster **Klasse**, bitte.

class
> A first-**class** ticket, please.

---

landen ['landən] *v*
> Wir sind um sechs Uhr **gelandet**.

to land
> We **landed** at six o'clock.

sich setzen [zɪç'zɛtsən] *v/ref*
》 **Setz dich** und sei still!

to sit
》 **Sit** down and be quiet!

sitzen ['zɪtsən] *v*
》 Ein paar Tage später **saß** ich im Zug nach Dresden.

to sit
》 A few days later I **was sitting** on the train to Dresden.

die Straßenbahn ['ʃtraːsənbaːn] *n*
》 Wie bist du hergekommen? Mit der **Straßenbahn**?

tram
》 How did you get here? By **tram**?

TIPP Tram or Bim (in Austria) are other common terms for **tram** in German.

das Ticket ['tɪkət] *n*
》 Zwei **Tickets**, bitte.

ticket
》 Two **tickets**, please.

der Zug [tsuːk] *n*
》 Um wie viel Uhr fährt der **Zug**?

train
》 What time does the **train** go?

TIPP In German, you say: **Der Zug fährt ab. The train is leaving.** But you say: **Der Zug fährt auf Gleis 4 ein. The train is arriving at platform 4.**

Public and private services

ausfüllen ['ausfylən] *v*
》 Könnten Sie mir helfen, dieses Formular **auszufüllen**?

to fill in
》 Could you help me (to) **fill in** this form?

die Bank [baŋk] *n*
〉 Wo kann ich hier in der Nähe eine **Bank** finden?

bank
〉 Where can I find a **bank** near here?

TIPP Be careful! **Die Bank** can mean both **bank** and **bench**.

---

drücken ['drʏkən] *v*
〉 Schau auf das Schild! Du musst die Tür **drücken**.

to push
〉 Look at the sign. You have to **push** the door.

---

das Formular [fɔrmu'laːr] *n*
〉 Für die Einschreibung füllen Sie bitte dieses **Formular** aus.

form
〉 To register, please fill in this **form**.

---

der Herr [hɛr] *n*
〉 Wer ist dieser **Herr**?

gentleman
〉 Who is that **gentleman**?

TIPP **Herr** is also used in German as a form of address: **Lieber Herr Becker** Dear Mr Becker. And **Herren** (or **Damen**) is used on signs outside German toilets.

---

die Polizei [poli'tsai] *n*
〉 Die **Polizei** konnte das Geld nicht finden.

police
〉 The **police** couldn't find the money.

---

die Post [pɔst] *n*
〉 Gibt's hier in der Nähe eine **Post**?

post office
〉 Is there a **post office** around here?

---

unterschreiben [ʊntɐ'ʃraibən] *v*
〉 Würden Sie bitte hier **unterschreiben**?

to sign
〉 Would you please **sign** here?

EATING AND DRINKING

Food

der Apfel ['apfəl] *n*
> Sie hat ein Pfund **Äpfel** gekauft.

apple
> She bought a pound of **apples**.

das Brot [broːt] *n*
> Ich mag **Brot** mit Butter und Käse.

bread
> I like **bread** with butter and cheese.

TIPP There are lots of different words for bread in German too. In northern Germany you would normally ask for a **Brötchen** or a **Rundstück**, whilst in the south you would call it a **Semmel**.

das Ei [ai] *n*
> Am Wochenende esse ich immer ein **Ei** zum Frühstück.

egg
> I always have an **egg** for breakfast at the weekend.

TIPP The plural of **Ei** is **die Eier**.

essen ['ɛsən] *v*
> Sie **isst** gerade einen Apfel.

to eat
> She**'s eating** an apple.

das Essen ['ɛsən] *n*
> Danke für das **Essen**. Es war klasse!

food
> Thank's for the **food**. It was great!

der Fisch [fɪʃ] *n*
> Wir hatten **Fisch** und Pommes zum Mittagessen.

fish
> We had **fish** and chips for lunch.

das Fleisch [flaiʃ] *n*
❯ Ich esse kein **Fleisch**. Es schmeckt mir nicht.

meat
❯ I don't eat **meat**. I don't like it.

---

die Frucht [frʊxt] *n*
❯ Was ist das für eine **Frucht**?

fruit
❯ What kind of **fruit** is that?

---

das Gemüse [gə'myːzə] *n*
❯ Sie isst nur Brot und **Gemüse**.

vegetable
❯ She only eats bread and **vegetables**.

---

das Hähnchen ['hɛːnçən] *n*
❯ **Hähnchen** mit Pommes, bitte.

chicken
❯ **Chicken** and chips, please.

---

der Hamburger ['hɛmbœrgər] *n*
❯ Ich mag keine **Hamburger**.

hamburger
❯ I don't like **hamburgers**.

---

das Huhn [huːn] *n*
❯ Wir haben **Hühner** zu Hause. Wir haben immer frische Eier.

chicken
❯ We've got **chickens** at home. We always have fresh eggs.

---

der Imbiss ['ɪmbɪs] *n*
❯ Ich möchte nur einen kleinen **Imbiss** fürs Erste.

snack
❯ I only want a little **snack** for the moment.

---

die Kartoffel [kar'tɔfəl] *n*
❯ Wie viele **Kartoffeln** brauchst du?

potato
❯ How many **potatoes** do you need?

---

der Käse ['kɛːzə] *n*
❯ Schweizer **Käse** ist weltweit bekannt.

cheese
❯ Swiss **cheese**.is world famous.

der Keks [keːks] *n*
> Möchtest du einen **Keks**?

biscuit
> Do you want a **biscuit**?

der Kuchen ['kuːxən] *n*
> Hast du diesen **Kuchen** gekauft oder dein Bruder?

cake
> Did you buy that **cake** or your brother?

das Lamm [lam] *n*
> Es gibt Rindfleisch, Schwein oder **Lamm** zum Mittagessen.

lamb
> There's beef, pork or **lamb** for lunch.

das Lebensmittel ['leːbənsmɪtəl] *n*
> Die meisten **Lebensmittel** müssen im Kühlschrank aufbewahrt werden.

food
> Most **food** needs to be kept in the fridge.

TIPP Although **das Lebensmittel** is neuter, it is mostly used in the plural form, which is identical to the singular: **die Lebensmittel.**

das Obst [oːpst] *n*
> Du musst viel **Obst** und Gemüse essen.

fruit
> You must eat lots of **fruit** and vegetables.

das Rindfleisch ['rɪntflaɪʃ] *n*
> Möchtest du **Rindfleisch** oder Schweinefleisch?

beef
> Would you like **beef** or pork?

der Salat [zaˈlaːt] *n*
> Ich nehme einen **Salat**. Und du?

salad
> I'll have a **salad**? How about you?

TIPP Salat can refer to **Kopfsalat** lettuce as well as the prepared dish, e.g. **Kartoffelsalat** potato salad, **gemischter Salat** mixed salad or **Tomatensalat** tomato salad.

das Sandwich ['breːtsə] *n*

〉 Ich war nicht sehr hungrig, also habe ich ein **Sandwich** zu Mittag gegessen.

sandwich

〉 I wasn't very hungry, so I had a **sandwich** at lunchtime.

der Schinken ['ʃɪŋkən] *n*

〉 Sie machte einen **Schinken**-Käse-Salat.

ham

〉 She made a **ham** and cheese salad.

die Schokolade [ʃokoˈlaːdə] *n*

〉 Ich mag **Schokolade**.

chocolate

〉 I like **chocolate**.

das Schweinefleisch ['ʃvaɪnəflaɪʃ] *n*

〉 In vielen Ländern isst man kein **Schweinefleisch**.

pork

〉 In many countries people don't eat **pork**.

das Steak [steːk] *n*

〉 Wie isst du dein **Steak**?

steak

〉 How do you eat your **steak**?

das Stück [ʃtvk] *n*

〉 Ich hätte gern ein **Stück** von diesem Kuchen.

piece

〉 I'd like a **piece** of that cake, please.

die Suppe ['zʊpə] *n*

〉 Im Winter esse ich sehr gerne **Suppe**.

soup

〉 I love eating **soup** in the winter.

der Toast [toːst] *n*

〉 Eine Scheibe **Toast** oder zwei?

toast

〉 One piece of **toast** or two?

Drinks

das Bier [biːr] *n*
❭ Ich hätte bitte gern ein **Bier**.

beer
❭ I'd like a **beer**, please.

---

der Drink [drɪŋk] *n*
❭ Möchten Sie noch einen **Drink**?

drink
❭ Would you like another **drink**?

---

die Flasche ['flaʃə] *n*
❭ Wir haben gestern Abend zum Essen zwei **Flaschen** Wein getrunken.

bottle
❭ We drank two **bottles** of wine with our meal last night.

---

das Getränk [gə'trɛŋk] *n*
❭ Möchten Sie noch ein **Getränk**?

drink
❭ Would you like another **drink**?

---

der Kaffee ['kafe] *n*
❭ Möchten Sie auch eine Tasse **Kaffee**?

coffee
❭ Would you like a cup of **coffee** too?

---

die Milch [mɪlç] *n*
❭ Möchtest du **Milch** in deinen Tee?

milk
❭ Do you want **milk** in your tea?

---

der Saft [zaft] *n*
❭ Welcher **Saft** schmeckt dir am besten? Orange oder Apfel?

juice
❭ Which **juice** do you like best? Orange or apple?

---

der Tee [teː] *n*
❭ Kann ich Ihnen eine Tasse **Tee** anbieten?

tea
❭ Can I offer you a cup of **tea**?

trinken ['trɪŋkən] *v*
> Wir **trinken** gern Bier in der Dorfkneipe.

to drink
> We like to **drink** beer in the village pub.

das Wasser ['vasər] *n*
> Kann ich bitte ein Glas **Wasser** haben?

water
> Can I have a glass of **water**, please?

der Wein [vaɪn] *n*
> Kann ich bitte ein Glas **Wein** zu meiner Lasagne haben?

wine
> Can I have a glass of **wine** with my lasagne, please?

At the table

die Bedienung [bə'di:nʊŋ] *n*
> Die **Bedienung** im Restaurant war sehr nett.

waitress
> The **waitress** at the restaurant was very nice.

bezahlen [bə'tsa:lən] *v*
> Musstest du für das Essen **bezahlen**?

to pay
> Did you have to **pay** for the meal?

das Café [ka'fe:] *n*
> Gibt es hier in der Nähe ein **Café**?

café
> Is there a **café** near here?

die Imbissbude ['ɪmbɪsbu:də] *n*
> Gibt es hier eine gute **Imbissbude**?

snack bar
> Is there a good **snack bar** round here?

der Kellner ['kɛlnər] *n m*,
die Kellnerin ['kɛlnərɪn] *n f*
> Wir gaben dem **Kellner** ein kleines Trinkgeld.

waiter, waitress

> We gave the **waiter** a small tip.

mehr [meːr] *adv*
> Was will man **mehr**?

more
> What **more** could you want?

noch ein(e) [nɔxˈ|aɪn] *adj*
> Wir brauchen **noch ein** Messer.

one more
> We need **one more** knife, please.

noch etwas [nɔxˈ|ɛtvaːs] *adj*
> Wir brauchen **noch etwas** Wasser.

some more
> We need **some more** water.

öffnen [ˈœfnən] *v*
> Sollen wir die Flasche Wein **öffnen**?

to open
> **Shall** we **open** the bottle of wine?

Prost! [proːst] *interj*
> **Prost!** Auf uns!

Cheers!
> **Cheers!** To us!

die Rechnung [ˈrɛçnʊŋ] *n*
> Kann ich bitte die **Rechnung** haben?

bill
> Can I have the **bill**, please?

das Restaurant [rɛstoˈrãː] *n*
> Gegen zwölf gehen wir ins **Restaurant**.

restaurant
> We're going to the **restaurant** at about twelve.

sauber [ˈzaʊbər] *adj*
> Sind deine Hände **sauber**?

clean
> Are your hands **clean**?

die Speisekarte [ˈʃpaɪzəkartə] *n*
> Könnte ich bitte die **Speisekarte** haben?

menu
> Could I have the **menu**, please?

der Tisch [tɪʃ] *n*
> Guten Abend, ich habe einen **Tisch** für vier Personen reserviert.

table
> Good evening, I've booked a **table** for four.

das Trinkgeld ['trɪŋkgɛlt] *n*
> Hast du dem Kellner etwas **Trinkgeld** gegeben?

tip
> Did you give the waiter a **tip**?

waschen ['vaʃən] *v*
> Jungs, **wascht** bitte eure Hände.

to wash
> Boys, **wash** your hands, please.

Mealtimes

das Essen ['ɛsən] *n*
> Schmeckt dir dein **Essen**?

food, meal
> Are you enjoying your **meal**?

die Gabel ['ga:bəl] *n*
> Könnte ich bitte eine saubere **Gabel** haben?

fork
> Could I have a clean **fork**, please?

das Glas [gla:s] *n*
> Ein großes **Glas** Orangensaft, bitte.

glass
> A big **glass** of orange juice, please.

der Löffel ['lœfəl] *n*
> Herr Ober, könnten Sie mir einen sauberen **Löffel** bringen?

spoon
> Waiter, could you bring me a clean **spoon**?

die Mahlzeit ['maːltsaɪt] *n*
› Man sollte täglich drei **Mahlzeiten** zu sich nehmen.

meal
› You should eat three **meals** a day.

TIPP Before meals, German-speakers wish each other **Mahlzeit!** or **Guten Appetit!**

das Messer ['mɛsər] *n*
› **Messer** und Gabeln sind auf dem Tisch.

knife
› **Knives** and forks are on the table.

der Pfeffer ['pfɛfər] *n*
› Könnte ich bitte Salz und **Pfeffer** haben?

pepper
› Could I have the salt and **pepper**, please?

das Salz [zalts] *n*
› Diese Suppe benötigt mehr **Salz**.

salt
› This soup needs more **salt**.

TIPP If there is **zu viel Salz too much salt** in a dish, a German-speaker would describe it as **versalzen**.

die Tasse ['tasə] *n*
› Möchten Sie eine **Tasse** Kaffee?

cup
› Would you like a **cup** of coffee?

der Teller ['tɛlər] *n*
› Könnte ich einen anderen **Teller** für den Käse haben?

plate
› Could I have a different **plate** for the cheese?

der Zucker ['tsʊkər] *n*
› Könnte ich bitte den **Zucker** haben?

sugar
› Could I have the **sugar**, please?

NATURE AND ENVIRONMENT

Landscapes, towns and regions

das All [al] *n*
- Wer war der erste Mensch im **All**?

space
- Who was the first man in **space**?

> **TIPP** Another word for **All** is **Weltraum**.

der Berg [bɛrk] *n*
- Der Mount Everest ist der höchste **Berg** der Welt.

mountain
- Mount Everest is the highest **mountain** in the world.

das Dorf [dɔrf] *n*
- Es ist ein schönes und ruhiges kleines **Dorf**.

village
- It's a nice and quiet little **village**.

der Fluss [flʊs] *n*
- Wie ist der Name des **Flusses**?

river
- What's the name of that **river**?

die Gegend ['geːɡənt] *n*
- Es gibt so viele schöne Orte in der **Gegend**.

area
- There are so many beautiful places in the **area**.

der Hügel ['hyːɡəl] *n*
- Gehen Sie den **Hügel** hinauf.

hill
- Go up the **hill**.

die Insel ['ınzəl] *n*
> Madagaskar ist eine große Insel.

island
> Madagascar is a big island.

leise ['laizə] *adj*
> Sei jetzt **leise**!

quiet
> Be **quiet** now!

die Region [regi'oːn] *n*
> In dieser **Region** wird viel Weißwein angebaut.

region, area
> A lot of white wine is made in this **region.**

ruhig ['ruːıç] *adj*
> Es ist ein schönes, **ruhiges** Dorf.

quiet
> It's a nice, **quiet** village.

der See [zeː] *n*
> Lass uns am Sonntagabend einen Spaziergang um den **See** machen.

lake
> Let's walk around the **lake** on Sunday evening.

TIPP The German word for **lake** is **der See**. **Sea**, on the other hand, is **das Meer** in German.

die Stadt [ʃtat] *n*
> Freiburg ist keine sehr große **Stadt.**

town
> Freiburg is not a very big **town.**

das Stadtzentrum [ʃtat'tsɛntʀʊm] *n*
> Ich wohne im **Stadtzentrum.**

town centre
> I live in the **town centre.**

die Welt [vɛlt] *n*
> Er glaubt, er sei der beste Student auf der **Welt.**

world
> He thinks he's the best student in the **world.**

Plants and animals

der Baum [baum] *n*
> Ich mag **Bäume**.

tree
> I like **trees**.

---

die Blume ['blu:mə] *n*
> Du hast wunderschöne **Blumen** in deinem Garten.

flower
> You have beautiful **flowers** in your garden.

---

das Gras [gra:s] *n*
> Nach einem Regentag ist das **Gras** besonders grün.

grass
> The **grass** is always especially green after a rainy day.

---

der Hund [hʊnt] *n*
> Mein **Hund** ist mein bester Freund.

dog
> My **dog** is my best friend.

---

die Katze ['katsə] *n*
> Magst du **Katzen**?

cat
> Do you like **cats**?

---

die Kuh [ku:] *n*
> Meine Eltern haben einen kleinen Bauernhof mit einigen **Kühen** und Schafen in Österreich.

cow
> My parents have a small farm in Austria with a few **cows** and sheep.

---

das Pferd [pfe:rt] *n*
> Bist du je auf einem **Pferd** geritten?

horse
> Have you ever ridden a **horse**?

---

der Rasen ['ra:zən] *n*
> Ich möchte mich auf den **Rasen** legen.

grass
> I want to lie down on the **grass**.

die Rose ['roːzə] *n*
⟩ Der Garten meiner Eltern ist voller **Rosen**.

rose
⟩ My parents' garden is full of **roses**.

das Schaf [ʃaːf] *n*
⟩ Wir haben kürzlich viele **Schafe** gesehen.

sheep
⟩ We saw lots of **sheep** a short while ago.

das Tier [tiːr] *n*
⟩ Er mag alle Arten von **Tieren**.

animal
⟩ He likes all kinds of **animals**.

der Vogel ['foːgəl] *n*
⟩ Ich konnte die **Vögel** in den Bäumen hören.

bird
⟩ I could hear the **birds** in the trees.

der Wald [valt] *n*
⟩ In diesem **Wald** sind viele verschiedene Tierarten zu Hause.

forest, wood
⟩ Lots of different types of animal live in this **forest**.

Weather and climate

bewölkt [bə'vœlkt] *adj*
⟩ Morgens war es immer **bewölkt**.

cloudy
⟩ It was always **cloudy** in the morning.

> **TIPP** When speaking about the weather in German, the impersonal form is used: **Es regnet/schneit. It's raining/snowing.**, **Es ist sonnig. It's sunny.** (But: **Die Sonne scheint. The sun is shining.**), **Es ist bewölkt. It's cloudy.**

das Feuer ['fɔyər] *n*

❯ Letzte Nacht hat es im Stadtzentrum ein **Feuer** gegeben.

fire

❯ There was a **fire** in the town centre last night.

---

furchtbar ['fʊrçtbaːr] *adj*

❯ Das Wetter war **furchtbar** letztes Jahr.

terrible

❯ The weather was **terrible** last year.

---

das Grad [graːt] *n*

❯ Die Temperatur beträgt zwölf **Grad**.

degree

❯ The temperature is twelve **degrees**.

---

heiß [hais] *adj*

❯ Es war zu **heiß** im letzten Sommer.

hot

❯ It was too **hot** last summer.

---

kalt [kalt] *adj*

❯ Es ist **kalt** heute. Gestern war es wärmer.

cold

❯ It's **cold** today. It was warmer yesterday.

---

kühl [kyːl] *adj*

❯ Heute Morgen war es sehr **kühl**.

cool

❯ It was very **cool** this morning.

---

die Luft [lʊft] *n*

❯ Lass uns an die frische **Luft** gehen.

air

❯ Let's get some fresh **air**.

---

nass [nas] *adj*

❯ Ich hatte meinen Regenschirm vergessen und wurde sehr **nass**.

wet

❯ I forgot my umbrella and got very **wet**.

---

der Regen ['reːgən] *n*

❯ Wir hatten eine Menge **Regen** am Wochenende.

rain

❯ We had a lot of **rain** at the weekend.

regnen ['reːgnən] *v*
❭ Es **regnete** den ganzen Nachmittag.

to rain
❭ It **rained** all afternoon.

schön [ʃøːn] *adj*
❭ Das Wetter ist **schön**.

fine
❭ The weather is **fine**.

sonnig ['zɔnɪç] *adj*
❭ Am ersten Weihnachtstag war es sehr **sonnig**.

sunny
❭ Christmas Day was very **sunny**.

die Temperatur [tɛmpera'tuːr] *n*
❭ Wie ist die **Temperatur** draußen?

temperature
❭ What's the **temperature** outside?

trocken ['trɔkən] *adj*
❭ Das Wetter ist sonnig und **trocken**.

dry
❭ The weather is sunny and **dry**.

warm [varm] *adj*
❭ Es ist **warm** hier drin. Kann ich ein Fenster öffnen?

warm
❭ It's **warm** in here. Can I open a window?

das Wetter ['vɛtər] *n*
❭ Was für ein schönes **Wetter**!

weather
❭ What beautiful **weather**!

der Wind [vɪnt] *n*
❭ Letzte Nacht hatten wir starken **Wind**.

wind
❭ There was a strong **wind** last night.

windig ['vɪndɪç] *adj*
❭ Wir hatten einige **windige** Tage in Frankreich.

windy
❭ We had a few **windy** days in France.

TIME

Months and seasons

der April [a'prɪl] *n*
> Mein Geburtstag ist im **April**.

April
> My birthday is in **April**.

der August [au'gʊst] *n*
> Im **August** fahren viele Familien in Urlaub.

August
> Lots of families go on holiday in **August**.

der Dezember [de'tsɛmbər] *n*
> Ich wurde am ersten Weihnachtstag geboren: am fünfundzwanzigsten **Dezember**.

December
> I was born on Christmas Day: **December** the twenty-fifth.

der Februar ['fe:bruar] *n*
> In Deutschland ist der **Februar** der kälteste Monat des Jahres.

February
> In Germany **February** is the coldest month of the year.

der Frühling ['fry:lɪŋ] *n*
> Ich habe meine Frau im **Frühling** 2014 kennengelernt.

spring
> I met my wife in the **spring** of 2014.

TIPP The names of the seasons, months and days are masculine in German: **der Frühling spring**, **der Herbst autumn**, **der Januar January**, **der Samstag Saturday**. But be careful! Another word for spring is **das Frühjahr**, which is neuter.

der Herbst [hɛrpst] *n*
❭ Mein Geburtstag ist im **Herbst**.

autumn
❭ My birthday is in **autumn**.

das Jahr [jaːr] *n*
❭ Ich habe den Film vielleicht vor zehn **Jahren** gesehen.

year
❭ I saw the film perhaps ten **years** ago.

die Jahreszeit ['jaːrəstsaɪt] *n*
❭ Die vier **Jahreszeiten** sind: Frühling, Sommer, Herbst und Winter.

season
❭ The four **seasons** are: spring, summer, autumn and winter.

TIPP The names of the seasons are usually preceded in German by **im**: **im Frühling, im Sommer, im Herbst, im Winter.**

der Januar ['januaːr] *n*
❭ **Januar** ist der erste Monat des Jahres.

January
❭ **January** is the first month of the year.

der Juli ['juːli] *n*
❭ Welcher amerikanische Feiertag ist am vierten **Juli**?

July
❭ Which American holiday is on the fourth of **July**?

der Juni ['juːni] *n*
❭ Im **Juni** essen wir immer viel Obst und Gemüse.

June
❭ In **June** we always eat a lot of fruit and vegetables.

der Mai [maɪ] *n*
❭ Ich habe ihn im **Mai** kennengelernt.

May
❭ I met him in **May**.

der März [mɛrts] *n*
❭ Im **März** ist das Wetter oft kalt und nass.

March
❭ The weather in **March** is often cold and wet.

der Monat ['mo:nat] *n*
> Wir waren vor einem **Monat** in Melbourne.

month
> We were in Melbourne a **month** ago.

der November [no'vɛmbər] *n*
> **November** ist ein wunderschöner Monat – in Südafrika.

November
> **November** is a beautiful month – in South Africa.

der Oktober [ɔk'to:bər] *n*
> Im **Oktober** war das Wetter schön.

October
> The weather was nice in **October**.

der September [zɛp'tɛmbər] *n*
> Evas Geburtstag ist am vierten **September**.

September
> Eva's birthday is on **September** the fourth.

der Sommer ['zɔmər] *n*
> Warum fahren wir nächsten **Sommer** nicht nach Österreich?

summer
> Why don't we go to Austria next **summer**?

der Winter ['vɪntər] *n*
> Der **Winter** ist die kälteste Jahreszeit.

winter
> **Winter** is the coldest season of the year.

Days of the week

der Dienstag ['di:nsta:k] *n*
> Am letzten **Dienstag** habe ich deine Bücher verkauft.

Tuesday
> Last **Tuesday** I sold your books.

der Donnerstag ['dɔnərstaːk] *n* **Thursday**
> Am **Donnerstag**abend habe ich mit Nicole eine Verabredung.
> I've got a date with Nicole on **Thursday** night.

der Freitag ['fraɪtaːk] *n* **Friday**
> Gott sei Dank, es ist **Freitag**!
> Thank God, it's **Friday**!

der Mittwoch ['mɪtvɔx] *n* **Wednesday**
> **Mittwoch** ist der Tag zwischen Dienstag und Donnerstag.
> **Wednesday** is the day between Tuesday and Thursday.

der Montag ['moːntaːk] *n* **Monday**
> Ich mag **Montage** nicht.
> I don't like **Mondays**.

der Samstag ['zamstaːk] *n* **Saturday**
> **Samstags** gehen wir zum Markt in der Stadt.
> On **Saturdays** we go to the market in town.

TIPP In southern Germany **Saturday** is normally called **Samstag**, but in northern Germany it's more commonly called **Sonnabend**.

der Sonntag ['zɔntaːk] *n* **Sunday**
> Ich konnte am letzten **Sonntag** nicht zur Party gehen. Ich war krank.
> I couldn't go to the party last **Sunday**. I was ill.

der Tag [taːk] *n* **day**
> Es war ein sehr schöner **Tag**.
> It was a very nice **day**.

die Woche ['vɔxə] *n* **week**
> Bis nächste **Woche**!
> See you next **week**!

das Wochenende ['vɔxənɛndə] *n*
> Was machst du am **Wochenende**?

weekend
> What are you doing at the **weekend**?

TIPP If you're going away for more than one day **am Wochenende at the weekend**, you can say: **Wir fahren übers Wochenende nach Berlin. We're going to Berlin *for the weekend*.**

Times of day

der Abend ['aːbənt] *n*
> Lass uns am **Abend** treffen!
> Was hast du gestern **Abend** getan?

evening, night
> Let's meet in the **evening**!
> What did you do last **night**?

heute Abend ['hɔɪtə'aːbənt] *phrase*
> Willst du **heute Abend** mit mir zu einer Party gehen?

tonight
> Would you like to go to a party with me **tonight**?

die Mitternacht ['mɪtərnaxt] *n*
> Sie kam nach **Mitternacht** nach Hause.

midnight
> She got home after **midnight**.

der Morgen ['mɔrgən] *n*
> Nimm den frühesten Zug am **Morgen**!

morning
> Take the earliest train in the **morning**!

morgens ['mɔrgəns] *adv*
> Der Zug fährt um acht Uhr **morgens**.

in the morning, a.m.
> The train leaves at eight **a.m.**

TIPP A day can be divided up into the following in German: **morgens, vormittags** in the morning, **mittags** at noon, **nachmittags** in the afternoon, **abends** in the evening, **nachts** at night.

der Nachmittag ['naːxmɪtaːk] *n* **afternoon**
> Können wir uns am **Nachmittag** treffen?
> Can we meet in the **afternoon**?

nachmittags ['naːxmɪtaːks] *adv* **in the afternoon, p.m.**
> Unser Flug kommt um vier Uhr **nachmittags** an.
> Our flight arrives at four **p.m.**

die Nacht [naxt] *n* **night**
> Die **Nacht** war kalt und windig.
> The **night** was cold and windy.

TIPP In German you can do something **am Tag / tagsüber** during the day or **in der Nacht / nachtsüber** during the / at night.

Telling the time

die Minute [mi'nuːtə] *n* **minute**
> Mit dem Bus braucht man nur zwanzig **Minuten**.
> It's only twenty **minutes** by bus.

TIPP If you want to say **It's 6:15** in German, you can either say **Es ist sechs Uhr fünfzehn** or **Es ist Viertel nach sechs**.

der Moment [mo'mɛnt] *n* **moment**
> Einen **Moment** noch! Ich bin gleich bei Ihnen.
> Just a **moment**! I'll be right with you.

die Sekunde [ze'kʊndə] *n*
〉 Er kam ein paar **Sekunden** später ins Zimmer.

second
〉 He came into the room a few **seconds** later.

die Stunde ['ʃtʊndə] *n*
〉 Ich brauchte eine volle **Stunde**, um den Text zu lesen.

hour
〉 I needed a full **hour** to read the text.

die Uhr [uːr] *n*
〉 Wir haben eine neue **Uhr** im Wohnzimmer.
〉 Wie viel **Uhr** ist es? Meine **Uhr** ist stehen geblieben.
〉 Es ist acht **Uhr**. Zeit fürs Abendessen.

clock, watch, o'clock, time
〉 We have a new **clock** in the living room.
〉 What's the **time**? My **watch** has stopped.
〉 It's eight **o'clock**. Time for dinner.

TIPP Uhr can refer to both **Armbanduhr watch** and **Wanduhr wall clock**. To say **It's five o'clock** in German, you'd say **Es ist fünf Uhr.**

rund um die Uhr [ʀʊnt'|ʊmdiː|uːr] *phrase*
〉 Wir müssen **rund um die Uhr** arbeiten.

around the clock
〉 We must work **around the clock**.

TIPP To express the fact that something is lasting a long time or an activity is very intensive, you can say, for example: **Er ist Tag und Nacht am arbeiten. He works day and night.**

um [ʊm] *prep*
〉 Der Zug kommt **um** sechs Uhr an.

at
〉 The train arrives **at** six.

Um wie viel Uhr ...?
[ʊmˈviːfiːlˈuːə] *phrase*
> **Um wie viel Uhr** hast du gesagt?

What time ...?
> **What time** did you say?

die Zeit [tsait] *n*
> Ich habe keine **Zeit**.

time
> I haven't got any **time**.

TIPP The expression **Es ist/wird höchste Zeit** is used when something needs to happen very quickly or very soon. **Es wird höchste Zeit, mit dem Essen zu beginnen. It's high time we started eating.**

Other expressions of time

der Anfang [ˈanfaŋ] *n*
> Das ist ein guter **Anfang**!

start
> That's a good **start**.

TIPP When referring to a race, you'd talk about the **Start und Ziel start and finish** in German. When you're talking about an activity, however, you would say **Anfang** or **Beginn start, beginning** and **Ende end.**

---

bald [balt] *adv*
> Sie kommen **bald**.

soon
> They are coming **soon**.

bevor [bəˈfoːr] *conj*
> Er kam an, **bevor** die Party begann.

before
> He arrived **before** the party started.

das Datum [ˈdaːtʊm] *n*
> Welches **Datum** haben wir heute?

date
> What's the **date** today?

das Ende ['ɛndə] *n*
> Das **Ende** des Buches war sehr interessant.

end
> The **end** of the book was very interesting.

früh [fry:] *adj*
> Es gibt einen **frühen** Flug.

early
> There is an **early** flight.

früher ['fry:ər] *adv*
> Das Flugzeug kam zehn Minuten **früher** an.

early
> The plane arrived ten minutes **early**.

gestern ['gɛstərn] *adv*
> Ich habe ihn **gestern** im Bus gesehen.

yesterday
> I saw him **yesterday** on the bus.

heute ['hɔytə] *adv*
> Was machst du **heute**?

today
> What are you doing **today**?

immer ['ɪmər] *adv*
> Du redest **immer** übers Essen.

always
> You're **always** talking about food.

jetzt [jɛtst] *adv*
> Ich bin **jetzt** müde.

now
> I'm tired **now**.

lange ['laŋə] *adv*
> Wie **lange** ist das her?

long
> How **long** ago was that?

TIPP As in English, **lange** refers to a length of time, whilst **weit far** refers to physical distance: **Das Dorf ist weit weg von hier. The village is far away from here.**

letzte(r, -s) [lɛtstə] *adj*
› Was hast du **letzten** Montag getan?

last
› What did you do **last** Monday?

> **TIPP** To refer to a day in the future, **nächste(r, -s)** or **kommende(r)** are used in German: **Am nächsten Montag fahre ich nach Hause. I'm going home next Monday. Am kommenden Dienstag ist die Prüfung. The exam is next Tuesday.**

der Moment [mo'mɛnt] *n*
› Ich habe im **Moment** keine Zeit.

moment
› I don't have any time at the **moment**.

morgen ['mɔrgən] *adv*
› Ich werde es **morgen** tun.

tomorrow
› I'm going to do it **tomorrow**.

nach [naːx] *prep*
› Sie duscht immer **nach** dem Frühstück.

after
› She always has a shower **after** breakfast.

nie [niː] *adv*
› Es ist **nie** zu spät, eine neue Sprache zu erlernen.

never
› It's **never** too late to learn a new language.

> **TIPP** As well as **nie**, you can also say **niemals**.

nun [nuːn] *adv*
› Sie lebt **nun** in Hessen.

now
› She **now** lives in Hessen.

oft [ɔft] *adv*
› Wir gehen **oft** ins Kino.

often
› We **often** go to the cinema.

> **TIPP** Another word for **often** in German is **häufig**.

seit [zait] *prep*
> Ich wohne **seit** sechs
> Jahren hier.
> Ich habe ihn **seit** Montag
> nicht gesehen.

for, since
> I've been living here **for**
> six years.
> I haven't seen him **since**
> Monday.

---

spät [ʃpɛːt] *adj*
> Letzte Nacht wurde es sehr
> **spät**.

late
> It got very **late** last night.

---

später ['ʃpɛːtər] *adv*
> Bis **später**!

later
> See you **later**!

---

die Verabredung
[fɛɐ'apreːdʊŋ] *n*
> Wir hatten unsere erste
> **Verabredung** an
> Heiligabend vor vier Jahren.

date
> We had our first **date** on
> Christmas Eve four years
> ago.

---

verspätet [fɛːɐ'ʃpɛːtət] *adj*
> Das Flugzeug kam **verspätet**
> an.

late
> The plane arrived **late**.

---

vor [foːr] *adv*
> Ich war **vor** einem Monat in
> Amsterdam.

ago
> I was in Amsterdam a
> month **ago**.

---

werden ['veːrdən] *v*
> Ich **werde** diese E-Mail
> morgen schreiben.

to be going to
> I'**m going to** write that
> email tomorrow.

---

zuerst [tsuː'eːrst] *adv*
> Ich habe das alte Auto
> **zuerst** gesehen.
> **Zuerst** war er ganz
> schüchtern.

first, at first
> I saw the old car **first**.
> He was very shy **at first**.

zu früh [tsuːfryː] *phrase*

early

〉 Sie kamen zwanzig Minuten **zu früh** an.

〉 They arrived twenty minutes **early**.

---

zunächst [tsuˈnɛːçst] *adv*

first, at first

〉 **Zunächst** kümmere ich mich um das Essen.

〉 **First** I'll sort out the meal.

〉 **Zunächst** gefiel mir die Sprache nicht.

〉 **At first**, I didn't like the language.

TIPP By saying **zunächst** you are implying that a further action will follow: *Zunächst* **kümmere ich mich um das Essen und** *dann / nachher* **werde ich die Wohnung putzen.** *First* **I'll sort out the meal and** *then* **I'll clean the flat.** As well as **zunächst**, you will often hear people saying **zuerst**.

---

zu spät [tsuːʃpɛt] *phrase*

late

〉 Ja, wir waren wie immer **zu spät**.

〉 Yes, we were **late** as usual.

Space and location

an [an] *prep*
> Können wir uns **an** der Bushaltestelle treffen?
> Was ist das da **an** deinem Mantel?

at, on
> Can we meet **at** the bus stop?
> What's that **on** your coat?

---

auf [auf] *prep*
> Stell die Kartoffeln **auf** den Tisch.

on
> Put the potatoes **on** the table.

---

breit [brait] *adj*
> Die Straße war nicht **breit** genug für den Bus.

wide
> The road was not **wide** enough for the bus.

---

draußen ['drausən] *adv*
> Es war fast dunkel **draußen**.

outside
> It was almost dark **outside**.

---

das obere Ende [das'o:bərə'ɛndə] *phrase*
> Sie wartete am **oberen Ende** der Treppe auf mich.

top
> She waited for me at the **top** of the stairs.

---

hier [hi:r] *adv*
> **Hier** gibt's keine Kinder.

here
> There are no children **here**.

---

hinten ['hɪntən] *adv*
》 Wir saßen **hinten** im Kino.

at the back
》 We sat **at the back** of the cinema.

hinter ['hɪntər] *prep*
》 **Hinter** meinem Auto war ein Bus.

behind
》 There was a bus **behind** my car.

> **TIPP** Prepositions like **hinter** are also used to create compound words: **die Hintertür the back door, die Vordertür the front door.**

hoch [hoːx] *adj*
》 Das ist ein sehr **hohes** Gebäude.

high, tall
》 This is a very **high** building.

in [ɪn] *prep*
》 An jedem Sonntagabend gibt es **in** diesem Lokal Livemusik.

in
》 There's live music every Sunday night **in** the pub.

> **TIPP** It's possible in German to intensify prepositions such as **in** and **aus: Gehen Sie in das Haus hinein. Go into the house. Kommen Sie aus dem Haus heraus! Come out of the house!**

in der Nähe [ɪndeːɐˈnɛːə] *phrase*
》 Hannas Wohnung ist **in der Nähe** des Bahnhofs.

near
》 Hanna's flat is **near** the station.

die Mitte ['mɪtə] *n*
》 Fahr nicht in der **Mitte** der Straße!

middle
》 Don't drive in the **middle** of the road!

nirgendwo ['nɪʁgn̩t'voː] *adv*
> Schatz, hast du meine Tasche gesehen? Ich kann sie **nirgendwo** finden!

nowhere, anywhere
> Darling, have you seen my bag? I can't find it **anywhere!**

nirgendwohin ['nɪʁgn̩t'voːhɪn] *adv*
> Wohin seid ihr gestern Abend gegangen? – **Nirgendwohin**. Wir sind zu Hause geblieben.

nowhere, anywhere
> Where did you go last night? – **Nowhere**. We stayed at home.

oben ['oːbən] *prep*
> Sein neues Haus ist **oben** in den Bergen.

up
> His new house is **up** in the mountains.

die Seite ['zaitə] *n*
> Die Post ist auf der rechten **Seite**.

side
> The post office is on the right **side**.

die Spitze ['ʃpɪtsə] *n*
> Kannst du bereits die **Spitze** des Berges sehen?

top
> Can you see the **top**.of the mountain yet?

über ['yːbər] *prep*
> Unsere Wohnung ist direkt **über** dem Gasthaus.
> Es gibt eine Brücke **über** den Fluss.

above, over
> Our flat is directly **above** the pub.
> There's a bridge **over** the river.

unten ['ʊntən] *adv*
> Schau auf Seite dreißig **unten**.

at the bottom
> Look **at the bottom** of page thirty.

unter ['ʊntər] *prep*
> Es ist **unter** dem Tisch.

under
> It's **under** the table.

vorn [fɔrn] *adv*
❯ Wir sitzen **vorn**.

at the front
❯ We are sitting **at the front**.

weit [vait] *adj*
❯ Wie **weit** ist es noch?
❯ Ich möchte gern die große, **weite** Welt sehen.

far, wide
❯ How **far** is it?
❯ I want to see the big **wide** world.

weit weg [vaitvɛk] *phrase*
❯ Gerade möchte ich einfach nur **weit weg** von hier!

far away
❯ Right now I just want to get **far away** from here!

zwischen ['tsvɪʃən] *prep*
❯ Das Hotel lag genau **zwischen** Bahnhof und Innenstadt.

between
❯ The hotel was **between** the station and the centre of town.

Directions and points of the compass

durch [dʊrç] *prep*
❯ Ich ging **durch** die Tür in den Garten.

through
❯ I went **through** the door into the garden.

heraus [hɛ'raus] *adv*
❯ Sie ging aus dem Zimmer **heraus**.

out
❯ She walked **out** of the room.

hinauf [hɪ'nauf] *adv*
❯ Fahren Sie diese Straße bis auf den Hügel **hinauf**.

up
❯ Go **up** this road to the top of the hill.

hinunter [hɪ'nʊntər] *adv*
❯ Gehen Sie die Straße etwa eine halbe Meile **hinunter**.

down
❯ Go **down** the road for about half a mile.

hoch [ho:x] *adv*
> Wir gingen die Straße **hoch** und runter.

up
> We walked **up** and down the street.

in [ɪn] *prep*
> Gehen Sie bitte **ins** Büro und warten dort.

into
> Please go **into** the office and wait there.

links [lɪŋks] *prep*
> Die Bank ist im Gebäude **links** von der Post.

left
> The bank's in the building to the **left** of the post office.

nach [na:x] *prep*
> Welche Straße nehme ich **nach** Hannover?

to
> Which road do I take to get **to** Hanover?

der Norden ['nɔrdən] *n*
> Wie weit nach **Norden** kann ich fahren?

north
> How far **north** can I go?

nördlich ['nœrtlɪç] *adv*
> Berlin liegt **nördlich** von Dresden.

north
> Berlin is **north** of Dresden.

oben ['o:bən] *adv*
> Die Toilette ist **oben**.

upstairs
> The toilet's **upstairs**.

der Osten ['ɔstən] *n*
> In welcher Richtung liegt **Osten**?

east
> Which way is **east**?

östlich ['œstlɪç] *adv*
> Ist das **östlich** von hier?

east
> Is that **east** of here?

rechts [rɛçts] *prep*
> Schreibst du mit deiner **rechten** oder deiner linken Hand?

right
> Do you write with your **right** or your left hand?

runter ['rʊntər] *adv*
> Lass uns jetzt doch **runter** ins Wohnzimmer gehen!

down
> Let's go **down** into the living room.

der Süden ['zy:dən] *n*
> Wir wohnen im **Süden** der Stadt.

south
> We live in the **south** of the city.

> **TIPP** Be careful! **Wir wohnen** *im Süden von* **München. We live** *in the south* **of Munich.** (i.e. still in Munich) – but: **Wir wohnen** *südlich von* **München. We live** *south* **of Munich.** (i.e. outside Munich)

südlich ['zy:tlɪç] *adv*
> Unser Dorf ist **südlich** von Leipzig.

south
> Our village is **south** of Leipzig.

um [ʊm] *prep*
> Du fährst **um** die Ecke und folgst den Schildern nach Kiel.

round
> You go **round** the corner and follow the signs for Kiel.

um ... herum [ʊm'hɛ'ʀʊm] *phrase*
> Habt ihr **um** den Maibaum **herum** getanzt?

round
> Did you dance **round** the maypole?

unten ['ʊntən] *adv*
> Das Schlafzimmer ist **unten**.

downstairs
> The bedroom is **downstairs**.

der Westen ['vɛstən] *n*

> Die Stadt Köln liegt im **Westen**.

west

> The city of Cologne is in the **west**.

---

westlich ['vɛstlɪç] *adv*

> Nürnberg liegt **westlich** von Würzburg.

west

> Nuremberg is **west** of Würzburg.

---

zu [tsuː] *prep*

> Wie komme ich bitte **zum** Bahnhof?

to

> How do I get **to** the station, please?

Cardinal and ordinal numbers

die Nummer ['nomər] *n*	**number**
⟩ Er wohnt in Haus **Nummer** zwei.	⟩ He lives at house **number** two.
die Zahl [tsa:l] *n*	**number**
⟩ Wie viele **Zahlen** kannst du dir merken?	⟩ How many **numbers** can you remember?
zählen ['tsɛ:lən] *v*	**to count**
⟩ Ich **zählte** zehn geparkte Autos.	⟩ I **counted** ten parked cars.
null [nʊl]	**zero**
ein(e) [aɪn] *art*	**one**
eins [aɪnz]	**one**
erste(r, -s) ['e:əstə] *adj*	**first**
zwei [tsvaɪ]	**two**
zweite(r, -s) ['tsvaɪtə]	**second**
drei [dʀaɪ]	**three**
dritte(r, -s) ['dʀɪtə]	**third**
vier [fi:ə]	**four**
vierte(r, -s) ['fi:ətə]	**fourth**

fünf [fʏnf]	**five**
fünfte(r, -s) ['fʏnftə]	**fifth**
sechs [zɛks]	**six**
sechste(r, -s) ['zɛkstə]	**sixth**
sieben ['ziːbn]	**seven**
siebte(r, -s) ['ziːptə]	**seventh**
acht [axt]	**eight**
achte(r, -s) ['axtə]	**eighth**
neun [nɔɪn]	**nine**
neunte(r, -s) [nɔɪntə]	**ninth**
zehn [tseːn]	**ten**
zehnte(r, -s) ['tseːntə]	**tenth**
elf [ɛlf]	**eleven**
elfte(r, -s) ['ɛlftə]	**eleventh**
zwölf [tsvœlf]	**twelve**
zwölfte(r, -s) ['tsvœlftə]	**twelfth**
dreizehn ['dʀaɪtseːn]	**thirteen**
dreizehnte(r, -s) ['dʀaɪtseːntə]	**thirteenth**
vierzehn ['fɪʁtseːn]	**fourteen**
vierzehnte(r, -s) ['fɪʁtseːntə]	**fourteenth**
fünfzehn ['fʏnftseːn]	**fifteen**
fünfzehnte(r, -s) ['fʏnftseːntə]	**fifteenth**

sechzehn ['zɛçtseːn]	**sixteen**
sechzehnte(r, -s) ['zɛçtseːntə]	**sixteenth**
siebzehn ['ziːptseːn]	**seventeen**
siebzehnte(r, -s) ['ziːptseːntə]	**seventeenth**
achtzehn ['axtseːn]	**eighteen**
achtzehnte(r, -s) ['axtseːntə]	**eighteenth**
neunzehn ['nɔɪntseːn]	**nineteen**
neunzehnte(r, -s) ['nɔɪntseːntə]	**nineteenth**
zwanzig ['tsvantsɪç]	**twenty**
zwanzigste(r, -s) [tsvantsɪçstə]	**twentieth**
einundzwanzig ['aɪn|ʊnt'tsvantsɪç]	**twenty-one**
einundzwanzigste(r, -s) ['aɪn|ʊnt'tsvantsɪçstə]	**twenty-first**
zweiundzwanzig ['tsvaɪ|ʊnt'tsvantsɪç]	**twenty-two**
zweiundzwanzigste(r, -s) ['tsvaɪ|ʊnt'tsvantsɪçstə]	**twenty-second**
dreißig ['dʀaɪsɪç]	**thirty**
dreißigste(r, -s) ['dʀaɪsɪçstə]	**thirtieth**
vierzig ['fɪʀtsɪç]	**forty**
vierzigste(r, -s) ['fɪʀtsɪçstə]	**fortieth**
fünfzig ['fʏnftsɪç]	**fifty**
fünfzigste(r, -s) ['fʏnftsɪçstə]	**fiftieth**

sechzig ['zɛçtsɪç]	**sixty**
sechzigste(r, -s) ['zɛçtsɪçstə]	**sixtieth**
siebzig ['ziːptsɪç]	**seventy**
siebzigste(r, -s) ['ziːptsɪçstə]	**seventieth**
achtzig ['axtsɪç]	**eighty**
achtzigste(r, -s) ['axtsɪçstə]	**eightieth**
neunzig [nɔɪntsɪç]	**ninety**
neunzigste(r, -s) [nɔɪntsɪçstə]	**ninetieth**
einhundert ['aɪnhʊndet]	**one hundred**
hundert ['hʊndet]	**hundred**
hundertste(r, -s) [hʊndetstə]	**hundredth**
eintausend ['aɪn'tauzn̩t]	**one thousand**
tausend ['tauzn̩t]	**thousand**
tausendste(r, -s) ['tauzn̩tstē]	**thousandth**
eine Million ['aɪnə'mɪ'liːoːn]	**one million**
eine Milliarde ['aɪnə'mɪ'liaʁdə]	**one billion**

Amounts

einige ['aɪnɪgə] *pron*
> Es waren **einige** Leute beim Konzert.
> Es gibt dort **einige** sehr interessante Leute.

a few, some
> There were **a few** people at the concert.
> There are **some** very interesting people there.

> **TIPP** The expressions **mehrere** and **einige** are used when you are talking about more than two things but you are not exactly sure how many.

etwas ['ɛtvas] *pron*
> Haben Sie (**etwas**) Geld?
> Möchten Sie noch **etwas** Tee?

any, some
> Have you got **any** money?
> Would you like **some** more tea?

> **TIPP** Etwas is used in German to describe an unspecified amount of a whole: **Ich hätte gerne** *etwas* **Wasser.** I'd like *some* water. **Gibt es noch** *etwas* **Brot?** Is there *some* bread left?

halbe(r, -s) ['halbə] *adj*
> Ich habe ein **halbes** Kilo Rindfleisch gekauft.

half
> I bought **half** a kilo of beef.

die Hälfte ['hɛlftə] *n*
> Ich habe ihr die zweite **Hälfte** gegeben.

half
> I gave her the second **half**.

irgendein(e) ['ɪrgənt'|aɪn] *pron*
> Haben Sie **irgendeine** Information über diese Orte?
> Ich hoffe, wir können **irgendeine** Lösung finden.

any, some
> Have you got **any** information about these places?
> I hope we can find **some** kind of solution.

irgendwelche ['ɪrgənt'vɛlçə] *pron*
> Sind (**irgendwelche**) Briefe für mich da?

any
> Are there **any** letters for me?

kein(e) [kain] *pron*
》 Er hat **keine** Informationen über diese Gegend.

any
》 He hasn't **any** information about this area.

---

leer [leːr] *adj*
》 Mein Glas ist **leer**. Gibt es noch Wein?

empty
》 My glass is **empty**. Is there any more wine?

---

das Paar [paːr] *n*
》 Ich brauche ein neues **Paar** schwarze Schuhe.

pair
》 I need a new **pair** of black shoes.

---

viel [fiːl] *adj*
》 Danke, ich möchte nicht so **viel** Saft.

much
》 I don't want that **much** juice, thank you.

TIPP The indefinite numeral adjectives **viel, wenig, der eine** and **der andere** are always written with a lower-case letter.

---

viel(e) [fiːl] *pron*
》 Es gibt **viele** Parks in der Gegend.
》 Hast du **viele** Tiere in Tirol gesehen?

a lot of, many
》 There are **a lot of** parks in the area.
》 Did you see **many** animals in Tyrol?

---

voll [fɔl] *adj*
》 Dein Teller ist ja noch **voll**! Hast du denn keinen Hunger?

full
》 But your plate is still **full**! Aren't you hungry?

---

wenige ['veːnɪç] *pron*
》 Es waren nur sehr **wenige** Studenten in der heutigen Vorlesung.

few
》 There were only very **few** students at today's lecture.

zusätzlich ['tsuːzɛtslɪç] *adj*
> Ich brauche das **zusätzliche** Geld.

extra
> I need the **extra** money.

Weights and measures

das Gramm [gʀam] *n*
> Ein Kilo hat tausend **Gramm**.

gram, gramme
> There are one thousand **grams** in a kilo.

das Kilo ['kiːlo] *n*
> Ich hätte gern zwei **Kilo** Kartoffeln, bitte.

kilo
> I'd like two **kilos** of potatoes, please.

> **TIPP** The following abbreviations are commonly used in German for units of measure: **cm** (Zentimeter), **g** (Gramm), **kg** (Kilo or Kilogramm), **km** (Kilometer), **m** (Meter)

der Kilometer [kilo'meːtər] *n*
> Wir wohnen in einer kleinen Stadt etwa hundert **Kilometer** westlich von Berlin.

kilometre
> We live in a small town about a hundred **kilometres** west of Berlin.

der Meter ['meːtər] *n*
> Die Post ist etwa zweihundert **Meter** von hier entfernt.

metre
> The post office is about two hundred **metres** from here.

der Zentimeter [tsɛnti'meːtər] *n*
> Mein Sohn ist jetzt mindestens zwei **Zentimeter** größer als ich.

centimetre
> My son's now at least two **centimetres** taller than me.

APPENDIX

Personal pronouns

ich [ɪç] *pron sg nom*
> Hallo, **ich** bin Maggie.
> Hallo, wer ist da? – **Ich** bin's.

I, me
> Hi, **I**'m Maggie.
> Hi, who's there? – It's **me**.

mich [mɪç] *pron sg acc*
> Hast du auch **mich** gesehen?

me
> Did you see **me** too?

mir [miːr] *pron sg dat*
> Warum hast du **mir** nicht geholfen?

me
> Why didn't you help **me**?

---

du [duː] *pron sg nom*
> Sprichst **du** Spanisch?

you
> Do **you** speak Spanish?

> **TIPP** What/How about you? can be easily translated into German as **Und du?Ich hätte gerne ein Glas Wein. Und du?** I'd like a glass of wine. What about you?

dich [dɪç] *pron sg acc*
> Ich habe **dich** gestern gesehen.

you
> I saw **you** yesterday.

dir [diːr] *pron sg dat*
> Ich bin sicher, ich habe es **dir** gegeben.

you
> I'm sure I gave it to **you**.

---

er [eːr] *pron m sg nom*

he, it

> **Er** ist mein Lehrer.

> **He**'s my teacher.

> Siehst du den Ball da drüben? **Er** gehört mir.

> Do you see that ball over there? **It**'s mine.

ihn [iːn] *pron m sg acc*

him, it

> Ich habe **ihn** gestern Abend im Park gesehen.

> I saw **him** last night in the park.

> Er kaufte einen Mantel und gab **ihn** mir.

> He bought a coat and gave **it** to me.

ihm [iːm] *pron m sg dat*

him

> Ja, ich habe **ihm** das Buch gegeben.

> Sure, I gave **him** the book.

sie [ziː] *pron f sg nom*

she, it

> Das ist meine Schwester. **Sie** lebt in Kanada.

> This is my sister. **She** lives in Canada.

> Siehst du die Blume am Fenster? **Sie** hat eine wirklich schöne Farbe.

> Do you see that flower in the window? **It**'s a really beautiful colour.

sie [ziː] *pron f sg acc*

she, her

> Kommt Susanne? Ich habe **sie** gestern angerufen aber **sie** antwortet nicht.

> Is Susanne coming? I phoned **her** yesterday, but **she** didn't answer.

ihr [iːr] *pron f sg dat*

her

> Ich begrüßte sie und gab **ihr** einen Kuss.

> I said hello and gave **her** a kiss.

es [ɛs] *pron ne sg nom*
> Ich mag **es** nicht.
> **Es** ist schön.

it
> I don't like **it**.
> **It** is nice.

es [ɛs] *pron ne sg acc*
> Kannst du **es** sehen? Dort drüben regnet **es** bereits!

it
> Can you see **it?** **It**'s already raining over there

ihm [iːm] *pron ne sg dat*
> Meinst du dieses Kind? Ja, ich habe **ihm** das Buch gegeben.

him
> Do you mean this child? Yes, I gave **him** the book.

wir [viːr] *pron m/f/ne pl nom*
> **Wir** gingen nach draußen.

we
> **We** went outside.

uns [ʊns] *pron m/f/ne pl acc*
> Sie hat **uns** auf der Party gesehen.

us
> She saw **us** at the party.

uns [ʊns] *pron m/f/ne pl dat*
> Er hat **uns** ein Wörterbuch zu Weihnachten geschenkt.

us
> He gave **us** a dictionary as a Christmas present.

ihr [iːr] *pron m/f/ne pl nom*
> Hallo Lisa, hallo Thomas! **Ihr** seht heute super aus!I

you
> Hello Lisa, hello Thomas! **You** look super today!

euch [ɔyç] *pron m/f/ne pl acc*
> Nein, ich habe **euch** gestern getroffen.

you
> No, I met **you** yesterday.

euch [ɔyç] *pron m/f/ne pl dat*
> Hallo Kinder. Ich habe **euch** ein Geschenk gekauft!

you
> Hello kids. I've bought **you** a present!

sie [ziː] *pron m/f/ne pl nom*   **they**

❱ Sieh nur, da laufen Manuela und Johanna. **Sie** sind wirklich schnell!   ❱ Look, there's Manuela and Johanna. **They** are really fast!

sie [ziː] *pron m/f/ne pl acc*   **them**

❱ Wo sind Maria und Franz? Ich habe **sie** seit gestern nicht mehr gesehen.   ❱ Where are Maria and Franz? I haven't seen **them** since yesterday.

❱ Wo sind die Eier? - Ich habe **sie** versteckt.   ❱ Where are the eggs? - I've hidden **them**.

ihnen [ˈiːnən] *pron m/f/ne pl dat*   **them**

❱ Deine Eltern waren hier und ich habe **ihnen** dein neues Buch gegeben.   ❱ Your parents were here and I gave **them** your new book.

Sie [ziː] *pron Höflichkeitsform, m/f, sg/pl nom*   **you**

❱ Sprechen **Sie** Deutsch?   ❱ Do **you** speak German?

Sie [ziː] *pron Höflichkeitsform, m/f, sg/pl acc*   **you**

❱ Ich habe **Sie** beide im Supermarkt gesehen.   ❱ I saw **you** two in the supermarket.

Ihnen [ˈiːnən] *pron Höflichkeitsform, m/f, sg/pl dat*   **you**

❱ Ja, ich habe es **Ihnen** vor einer Woche gegeben.   ❱ Yes, I gave it to **you** a week ago.

TIPP All personal and possessive pronouns in the polite form in German are written with a capital letter and are conjugated in the same way as the **third person plural**, even if you're only talking to one person. **Möchten Sie (Frau Friedrich) etwas trinken? Would you (Mrs Friedrich) like something to drink? Ich gebe Ihnen (Herr Müller und Frau Schmidt) gleich die Bücher!** I'll give you (Mr Müller and Mrs Schmidt) the books right away! **Ihr (Herr Becker) Schal gefällt mir. I like your (Mr Becker) scarf.** However, the reflexive pronoun is always written with a lower-case letter. **Können Sie sich erinnern? Can you remember?**

Possessive pronouns

mein(e) [main] *pron m/f sg/pl* **my**
〉 Hier sind **meine** Freunde.   〉 Here are **my** friends.

dein(e) [dain] *pron m/f sg/pl* **your**
〉 Ist das **dein** Koffer?   〉 Is this **your** case?

sein(e) [zain] *pron m sg/pl* **his, its**
〉 Er hat mir **seinen** neuen   〉 He lent me **his** new coat.
   Mantel geliehen.
〉 Ich liebe Paris und **seine**   〉 I love Paris and **its**
   Museen.   museums.

ihr(e) [iːe] *pron f sg/pl* **her**
〉 Da ist Michaela. Hast du   〉 There's Michaela. Have
   ihre Tasche gesehen?   you seen **her** bag?

unser(e) ['ʊnzər] *pron m/f sg/pl* **our**
〉 Schau, das ist **unser** neues   〉 Look, that's **our** new car.
   Auto.

euer(e) [ˈɔyər] *pron m/f sg/pl* **your**

> Ist das **euer** Koffer?

> Is this **your** case?

---

ihr(e) [iːə] *pron m/f sg/pl*　**their**

> Was ist mit ihnen los? Hast
> du **ihre** Gesichter gesehen?

> What's the matter with
> them? Did you see **their**
> faces?

Ihr(e) [iːə] *pron Höflich-*　**your**
keitsform, m/f sg/pl

> Ist das **Ihr** Koffer?

> Is this **your** case?

Demonstrative pronouns

der [deːr], **die** [diː], **das** [das]　**that, this**
pron m/f/ne sg/pl

> Was ist **das**?

> What's **that**?

> Ist **das** sein Büro?

> Is **this** his office?

---

diese(r, -s) [ˈdiːzə]　**that, this**
pron m/f/ne sg/pl

> Ich werde **diese** E-Mail
> morgen schreiben.

> I'm going to write **that**
> email tomorrow.

> Gefällt dir **dieses** Auto
> besser?

> Do you like **this** car
> better?

> **Diese** Hemden sind sehr
> bequem.

> **These** shirts are very
> comfortable.

> **TIPP** Demonstrative pronouns can be intensified by adding **hier**
> here or **dort** there: Welches Auto gefällt dir besser? *Das*
> schwarze *hier* oder *das* grüne *dort*? **Which car do you**
> **prefer?** *This* black one *here* or *that* green one *there*? Ist
> *diese* E-Mail *hier* von dir? **Is** *this* email *here* from you?

Interrogative pronouns

wann [van] *adv*
> **Wann** kommen wir an?

when
> **When** do we arrive?

---

warum [va'rʊm] *adv*
> **Warum** kommst du nicht für eine Minute rauf?

why
> **Why** don't you come up for a minute?

---

was [vas] *adv*
> **Was** hast du gestern Abend gemacht?

what
> **What** did you do last night?

---

welche(r, -s) ['vɛlçə] *pron*
> **Welches** Buch willst du?

which
> **Which** book do you want?

TIPP Welche(r, -s) **which** and was für ein(e) **what kind of** are used to request further information about the noun. They can either replace or accompany the noun in the interrogative sentence or clause: *Welches* (Paar Schuhe) **gefällt dir am besten? Das rote (Paar Schuhe) finde ich super!** *Which* (pair of shoes) **do you like best? I think the red ones are super!**

---

wer [ve:r] *pron nom*
> **Wer** hat dir das gesagt?

who
> **Who** told you that?

TIPP If a question is formed in German without an interrogative pronoun, the verb (whether it's an auxiliary verb or a full verb) comes first in the sentence or clause: *Spielst du Fußball mit mir?* **Will you play football with me?** *Willst du mit mir Fußball spielen?* **Do you want to play football with me?** There is nothing in German which corresponds with the English use of **to do** to form questions: *Do you have a watch?* becomes: *Hast du eine Armbanduhr?*

wen [ve:n] *pron acc*
❭ **Wen** siehst du dort?

who
❭ **Who** can you see there?

wem [ve:m] *pron dat*
❭ **Wem** willst du etwas schenken?

who
❭ **Who** do you want to give something to?

wie [vi:] *adv*
❭ **Wie** komme ich zum Bahnhof?

how
❭ **How** do I get to the station?

wo [vo:] *adv*
❭ **Wo** wohnst du?

where
❭ **Where** do you live?

wohin [wo'hin] *adv*
❭ **Wohin** gehst du, David?

where
❭ **Where** are you going, David?

Articles

der [de:r] *art m sg bestimmt*
❭ **Der** Film war nicht gut.

the
❭ **The** film wasn't good.

die [di:] *art f sg bestimmt*
❭ **Die** Party war nicht sehr interessant.

the
❭ **The** party was not very interesting.

das [das] *art ne sg bestimmt*
❭ **Das** Buch war klasse.

the
❭ **The** book was great.

die [di:] *art m/f pl bestimmt*
❭ **Die** Spiele beginnen.

the
❭ **The** games are starting.

ein(e) [aın] *art m/f/ne* **a, an**
unbestimmt

〉 Das ist **ein** schönes Auto. 〉 That's **a** nice car.
〉 Ich sehe **eine** Frau vor dem 〉 I can see **a** woman in front
Museum. of the museum.

TIPP Noch ein(e) corresponds to the English word *another*.
Möchtest du *noch einen* Drink? Would you like *another*
drink? Möchtest du *noch eine* Tasse Kaffee? Would you
like *another* cup of coffee?

Other pronouns

jede(r, -s) ['je:də] **each, every, everyone**
pron m/f/ne sg

〉 **Jeder** von uns zahlt fünfzig 〉 **Each** of us pays fifty
Pfund im Monat. pounds a month.
〉 Im Pub gibt es **jeden** 〉 There's a disco **every**
Sonntagabend Disco. Sunday night in the pub.
〉 **Jeder** ging nach Hause. 〉 **Everyone** went home.

alles ['aləs] *pron sg* **everything**
〉 **Alles** war normal. 〉 **Everything** was normal.

alle ['alə] *pron pl* **all, everyone**
〉 **Alle** Studenten in der Klasse 〉 **All** the students in the
sind Deutsche. class are German.
〉 Grüße bitte **alle**. 〉 Please say hello to
everyone.

ganze(r, -s) ['gantsə] **all**
pron sg/pl
〉 Er gibt ihr sein **ganzes** Geld. 〉 He gives her **all** his
money.

beide ['baidə] *pron*

both

❯ **Beide** Bücher sind gut.

❯ **Both** books are good.

---

jemand ['je:mant] *pron m/f sg*

anybody, anyone, somebody, someone

❯ Kennst du **jemanden** in Kanada?

❯ Do you know **anybody** in Canada?

❯ Kennst du **jemanden** in London?

❯ Do you know **anyone** in London?

❯ Letzte Nacht hat **jemand** diese leere Flasche auf den Tisch gestellt.

❯ Last night **somebody** put this empty bottle on the table.

❯ Da ist **jemand** an der Tür.

❯ There's **someone** at the door.

---

irgendjemand ['ɪʁgn̩t'je:mant] *pron m/f sg*

anybody, anyone, somebody, someone

❯ Kennst du **irgendjemanden** in Kanada?

❯ Do you know **anybody** in Canada?

TIPP The prefix **irgend** has a generalizing effect when added to a pronoun in German. It highlights the fact that nobody or nothing specific is being referred to.

---

etwas ['ɛtvas] *pron ne sg*

anything, something

❯ Möchtest du **etwas** trinken?

❯ Would you like **anything** to drink?

---

irgendetwas ['ɪʁgn̩t'ɛtvas] *pron ne sg*

anything, something

❯ Hast du **irgendetwas** hier, um den Tisch abzuwischen? Ein Tuch zum Beispiel?

❯ Do you have **anything** here for wiping the table? A cloth, for example?

genug [gə'nu:k] *pron*
> Wir haben nicht **genug** Zeit.

enough
> We don't have **enough** time.

---

nichts [nɪçts] *pron sg*
> Was machst du? – **Nichts**.

nothing
> What are you doing? – **Nothing**.

---

niemand ['ni:mant] *pron sg*
> Hier ist überhaupt **niemand**.

> Ich ging zur Haustür, aber es war **niemand** da.

no one, nobody
> There's **no one** here at all!

> I went to the front door, but there was **nobody** there.

Auxiliary verbs

haben ['habən] *v/aux*
> Ich **habe** neue Teller gekauft.

to have, have got
> I **have** bought some new plates.

TIPP A synonym of **haben** as a full verb is **besitzen**: Ich habe Teller = Ich besitze Teller.

sein [zaɪn] *v/aux*
> Er **ist** zu der besten Staatsanwältin gegangen?

to have
> He **has** gone to the best public prosecutor?

TIPP Sein can also be a full verb meaning **to be**: Frau Dieter *ist* Staatsanwältin. Mrs Dieter *is* a public prosecutor.

werden ['ve:rdən] *v/aux*
> Anna und Paul **werden** morgen ein neues Auto kaufen.
> Der Hund **wird** gerade gefüttert.

to be going to, will, to be
> Anna and Paul **are going to** buy a new car tomorrow.
> The dog **is** just **being** fed.

TIPP **Werden** is used to form the future and the passive in German. It can also be a full verb meaning **to become, to get**: Heike **wird** müde. Heike *is getting* tired. The form **würde** is also used to express hypothetical statements, corresponding to **would** or **wouldn't** in English: Wenn ich viel Geld hätte, *würde* ich mir ein Auto kaufen. If I had a lot of money, I *would* buy myself a car.

Modal verbs

dürfen ['dʏrfən] *v*
> **Darf** ich jetzt nach Hause gehen?

can
> **Can** I go home now?

TIPP The negative form **nicht dürfen** can be translated as **cannot** or **not to be allowed**: Sie *dürfen* hier *nicht* parken! You *are not allowed* to park here!

können ['kœnən] *v*
> **Können** Sie mir sagen, wie man da hinkommt?

can, to be able to
> **Can** you tell me how to get there?

TIPP The form **könnte(st, n, t, n)** translates into English as **could**. *Könntest* du mir später helfen? *Could* you help me later? The negative form of the verb **nicht können** corresponds to **cannot, can't** or **to not be able to**: Ich *kann* leider *nicht* kommen! I'm afraid I *can't* come.

mögen ['møːgən] *v*
〉 **Magst** du Kartoffelbrei?

to like
〉 Do you **like** mashed potato?

TIPP The negative form of this modal verb is **nicht mögen**, which translates as **do not like, do not want**: Nein, ich *möchte* jetzt *nicht* mit dir telefonieren. No, I *don't want* to phone you now.

müssen ['mʏsən] *v*
〉 Ich **muss** jetzt nach Hause gehen.
〉 Es **muss** doch heute Abend etwas Interessantes im Fernsehen geben.

to have to, must
〉 I **have to** go home now.
〉 There **must** be something interesting on TV tonight.

sollen ['zɔlən] *v*
〉 **Soll** ich das Fenster öffnen?

shall
〉 **Shall** I open the window?

wollen ['wɔlən] *v*
〉 **Willst** du mich in Wien besuchen kommen?

to want
〉 Do you **want** to come and visit me in Vienna?

Other structural words

aber ['aːbər] *conj*
〉 Ich mag Bier, **aber** Silvia mag Wein.

but
〉 I like beer, **but** Silvia likes wine.

als [als] *conj*
〉 Ich habe Johanna getroffen, **als** ich aus dem Bus stieg.
〉 Er ist um einiges größer **als** ich.

as, than
〉 I met Johanna **as** I was getting off the bus.
〉 He is quite a bit bigger **than** me.

andere(r, -s) [ˈandərə] *pron*
> Warum benutzt du nicht die **andere** Kamera?

other
> Why don't you use the **other** camera?

auch [aux] *adv*
> Ich kann **auch** Spanisch sprechen.

too
> I can speak Spanish **too**.

aus [aus] *prep*
> Lin kommt **aus** China.

from, out of
> Lin is **from** China.

TIPP Aus is also frequently used as a prefix with German verbs: **ausgehen** means **to go out**.

bei [bai] *prep*
> Hans wohnt in diesem Monat **bei** uns.

with
> Hans is staying **with** us this month.

beinahe [ˈbaina:ə] *adv*
> Das war knapp! **Beinahe** hätte ich den Bus verpasst.

almost
> That was close! I **almost** missed the bus.

dann [dan] *adv*
> Zunächst gingen wir schwimmen und **dann** tranken wir Kaffee in diesem neuen Café um die Ecke.

then
> First we went swimming and **then** we had a coffee in that new café around the corner.

dass [das] *conj*
> Ich glaube, **dass** ich sie nie geliebt habe.

that
> I think **that** I never loved her.

dort [dɔrt] *adv*
> Wie können wir **dort** hinkommen?

there
> How can we get **there**?

erst [e:rst] *adv*
> Wir sind früh. Es ist **erst** acht Uhr.

only
> We're early. It's **only** eight o'clock.

etwa ['ɛtva] *adv*
> Und dann gehen Sie **etwa** zweihundert Meter.

about
> And then you walk for **about** two hundred metres.

fast [fast] *adv*
> Das Frühstück ist **fast** fertig.

almost
> Breakfast is **almost** ready.

für [fy:r] *prep*
> Ich habe ein Geschenk **für** dich.

for
> I've got a present **for** you.

gibt es [gi:pt'|ɛs] *phrase*
> Entschuldigen Sie, **gibt es** hier eine Toilette?

is there, are there
> Excuse me, **is there** a toilet here?

TIPP Gibt es is frequently used to find out if something exists or is available: *Gibt es* noch etwas Brot? *Is there* any more bread?

immer noch ['ɪme'nɔx] *phrase*
> Gehst du etwa immer noch zur Schule? Willst du nicht Abitur machen?

still
> Are you still going to school? Don't you want to do your A-levels?

man [man] *pron* | **they, you, one**
> **Man** sagt so. | > **They** say so.
> **Man** kann nicht alles haben. | > **You** can't have everything.

TIPP   **Man** is used to generalize a statement or in cases where there is no concrete subject: *Man sollte immer freundlich sein! You* should always be friendly. Im Meer kann *man* schwimmen! *You* can swim in the sea!

---

mit [mɪt] *prep* | **by, with**
> Wir sind **mit** dem Auto hingefahren. | > We went there **by** car.
> Marie fuhr **mit** ihrem Vater nach Salzburg. | > Marie went to Salzburg **with** her father.

---

noch [nɔx] *adv* | **still, yet, another**
> Magst du ihren Freund **noch**? | > Do you **still** like her boyfriend?
> Möchtest du **noch** ein Stück Kuchen? | > Would you like **another** piece of cake?

---

nur [nuːr] *adv* | **only**
> **Nur** du machst diesen Fehler. | > **Only** you make that mistake.

---

oder ['oːdər] *conj* | **or**
> Bist du zu Fuß hier **oder** bist du mit dem Auto gekommen? | > Did you walk **or** come by car?

---

ohne ['oːnə] *prep* | **without**
> Ein Zimmer mit oder **ohne** Balkon? | > A room with or **without** a balcony?

---

per [pɛr] *prep* | **by**
> Warum schickst du es nicht **per** E-Mail? | > Why don't you send it **by** email?

schon [ʃoːn] *adv*
> Hast du ihn **schon** gesehen?

yet, already
> Have you seen him **yet**?

---

sehr [zeːr] *adv*
> Diese Uhr war **sehr** teuer.

very
> This watch was **very** expensive.

---

so [zoː] *adv*
> Warum isst er **so** viel?

so
> Why does he eat **so** much?

---

sondern ['zɔndərn] *conj*
> Er ist kein Lehrer, **sondern** Kellner.

but
> He's not a teacher, **but** a waiter.

> **TIPP** Like **aber**, **sondern** is placed in a separate clause. In sentences containing **sondern**, the initial clause is very often a negative, e.g. containing **kein/nicht/nie**, and the second clause represents a contrast to the first.

über ['yːbər] *prep*
> Die Schüler sprachen **über** das Wetter.

about
> The schoolchildren were talking **about** the weather.

überall [yːbər|'al] *adv*
> Fast **überall** auf der Welt spricht man Englisch.

everywhere
> People speak English almost **everywhere** in the world.

---

und [ʊnt] *conj*
> Kann ich bitte einen Espresso **und** ein Glas Wasser haben?

and
> Can I have an espresso **and** a glass of water, please?

---

ungefähr ['ʊngəfɛːr] *adv*
> Es handelt sich um **ungefähr** drei Tage.

about
> It's a matter of **about** three days.

von [fɔn] *prep* — **from, of**
- Gestern habe ich eine E-Mail **von** meinem Vater bekommen.
- Yesterday I got an email **from** my father.
- Es ist im Süden **von** Frankreich.
- It's in the south **of** France.

weil [vail] *conj* — **because**
- Wir machen keinen Spaziergang, **weil** es regnet.
- We aren't going for a walk **because** it's raining.

wie [viː] *conj* — **like**
- Es sieht aus **wie** Gold, ist aber keines.
- It looks **like** gold but isn't.

zu [tsuː] *adv* — **too**
- Das Auto ist **zu** teuer. Wir werden es nächsten Monat verkaufen.
- The car's **too** expensive. We're going to sell it next month.

TIPP If **zu** is used before an adjective, it means **too**.

Index

156 Index

Langenscheidt

„Einfach
besser
nachschlagen"

Das einsprachige Wörterbuch
mit rund 30.000 Stichwörtern,
Wendungen und Beispielen.

**Der ideale Begleiter
für alle Deutsch-Einsteiger**

L

Langenscheidt
Taschenwörterbuch
Deutsch
als Fremdsprache

www.langenscheidt.de